TRAINING THE MIND AND
CULTIVATING LOVING-KINDNESS

邱陽・創巴仁波切

當野馬遇見馴師

——修心與慈觀

Chögyam Trumpa Rinpoche
邱陽・創巴仁波切　著
鄭振煌　譯

目錄

【第六要】修心誡 171

序

邱陽．創巴仁波切的新書即將問世，這本書所探討的是透過慈心和悲心來鍛鍊自心，本人很榮幸且歡喜受邀撰寫這本書的序言。

自一九八一年起，本書中的五十九句口訣一直都是我個人修持或授課的主要重點，這麼多年來，幾乎每一天我都會思考創巴仁波切對這些口訣的解釋，不誇張地說，這些口訣大大轉化了我的生命。

我沿用了創巴仁波切建議他的弟子使用這些口訣的方式，持續不斷地內化探索。這個方法是，將每一句口訣分別印在牌卡上，每日早晨先洗牌，抽一張出來，然後閱讀創巴仁波切在本書中針對這句口訣的解釋，有時我也會在牌卡背後做一點筆記，之後就在自己日常生活當中，盡力活出這些口訣的意義。時不時我也會整天都忘了早上抽到的口訣，直到晚上回到家之後，才想到它所提醒的信息。不過，一般來說，在遭遇生活中的難題時，那一天的口訣或是其他口訣會整個浮現心中，給我在「當下」醍醐灌頂的指點，這總能引領我到達更大的視野。逐漸的，我愈來愈有自信能熟用這些口訣，讓我在面對一切時，立即的情緒反應變的更少，也更能看清整個生命中的一切。口訣修持確實持續在幫助我將各種情境轉化爲證悟的道路，即使面對最艱難的困境，也變得愈加得心應手。我愈被拉入當下的情境，這些挑戰愈是成爲不凡的導師，讓我愈加敞開和調柔，讓我更具備智慧。

然而，其中的關鍵在於認知到自己涉入了情境，並以口訣來處理和面對，而不是繼續被這些情境所擾動。我們都是升級情緒化反應的專家，老是用慣性思考和毫無新意的對策來火上加油。對我而言，對口訣的思考能打斷這種慣性衝動，讓新的應對方式融入活躍的動能中。我對這個修持和我的老師邱陽．創巴仁波切的感激是無以復加的，仁波切爲我引見這些甚深又簡易的修持，並鼓勵我加以實修，這樣的恩德我想我根本無以回報。如同仁波切在導讀中所說：「我們可以遵照書中的內容進行實修，這不僅威力強大，而且讓人感到如釋重負。」

以我個人的體驗來說，仁波切的話讓我深感共鳴，我急切企望其他人也能探索這個方法。我可以很肯定的說，若能將這些教言謹記於心，許多人定能像我一樣得到益處——祈願你們都能成為現在或未來的幸運者之一。

佩瑪・丘卓（Pema Chödrön）

編者前言

本書的內容是切喀瓦・耶喜・多傑（Chekawa Yeshe Dorje）的《修心七要根本法本》（*The Root Text of the Seven Points of Training the Mind*）（由那瀾陀翻譯委員會譯成英文）和創巴仁波切講釋的精要。創巴仁波切在開示中，以蔣貢康楚大師的論釋《邁向開悟的基礎道》（*The Basic Path toward Enlightenment*，藏文 *Changchup Shunglam*）爲主要參考文獻。《邁向開悟的基礎道》收錄於大家所知的《五寶藏》（*The Five Treasures*）中，《五寶藏》是彙整藏傳佛教主要教法的文集。（創巴仁波切的老師：雪謙的蔣貢康楚，是十九世紀蔣貢康楚大師的轉世。）

大家認爲修心七要是印度佛教大師阿底峽尊者所傳的。西元九八二年，阿底峽尊者出生於孟加拉的皇室。因此，大家經常把切喀瓦彙整的修心口訣稱爲阿底峽口訣。

十餘歲的阿底峽即放棄皇宮的生活，在印度到處修學佛法，之後到蘇門答臘，從他的主要上師金洲法稱（Dharmakirti，藏文 Serlingpa）得到菩提心和修心的教授。他一回到印度，就開始復興這些一度消失的教法，並在超戒寺這所著名的佛教大學任教。有人請求他把修心的教法傳入西藏，於是他就在西藏教了將近十三年，直到他於一〇五四年左右去世為止。生前他將這些修行法要傳給西藏的心子仲敦巴，亦即西藏佛教噶當派①的創始者。

好一陣子，阿底峽口訣都沒有公開，只傳給入室弟子。第一位把口訣寫成文字的人，是噶當派的上師朗日塘巴（Lang-ri Thangpa）（1054～1123）。切喀瓦格西（1101～1175）於《修心七要根本法本》中把口訣概述一番之後，才讓它更廣為人

原註：

①阿底峽尊者的主要弟子仲敦巴所創立的噶當派，極為注重出家戒律、菩提心與悲心的生起、及修心。先後親近噶當派上師、密勒日巴尊者的岡波巴，把此法門帶入噶舉派。

知。切喀瓦格西在教授的過程中，碰到許多痲瘋病患者，便教他們如何修心。據說有幾位病患因而治癒。因此，藏人有時把他的教法稱爲「治痲瘋病的佛法」。當切喀瓦注意到這些教法甚至利益到他那位放蕩不羈、對佛法沒興趣的兄弟時，他確定應該廣宏此教法。因此，好幾世紀以來，所有西藏佛教的主要教派都在修習阿底峽的修心教法②。

《修心七要根本法本》有五十九條口訣，簡要地教授大乘佛教的見地和實際應用法。修習這些口訣，就能很實際、很扎實地淨化我執，以及培養柔軟心和慈悲心。這些口訣教我們如何以上座時的觀修和日常生活中的事件來修心，以使自己覺醒。

這本書跟許多其他的「法海叢書」不同，它不是以單次研修營的內容爲基礎，而是編纂了數年之間的開示和言論。金剛上師③（譯註：以下統稱仁波切）於一九七三到一九八六年間每年舉辦三個月的高階教學課程，稱爲「金剛界④研修營」。他於一九七五年的金剛界研修營上第一次介紹噶當口訣的大乘教法。在之後的研修營中，他進一步闡釋修心的理論和修法。

修心有兩個面向：上座時的觀修和下座後的練習。這個觀修法，藏文稱「tonglen」，也就是施受法，基於第七條口訣：「施受交換修。彼二乘呼吸。」創巴仁波切在一九七九年的研修營介紹上座時如何修施受法，並鼓勵學生把施受法融入每日的禪修中。他也鼓勵學生在下座後練習應用口訣，把生活中的每一面向和修行結合。

創巴仁波切在和學生共事時，非常強調以不拘形式的修行（開展正念和覺察）為基礎。起初，他只把施受法傳授給坐禪經驗豐富和學習佛法已久的資深學生。在這樣的情況下介紹修心的理論和方法，以道德或概念詮釋這些教法的風險就降低了。

②要進一步討論修心教法的來源和歷史，見格桑嘉措格西（Geshe Kelsang Gyatso）的《普世慈悲》（*Universal Compassion*）；蔣貢康楚的《覺醒大道》；拉普騰格西（Geshe Rapten）和噶旺達傑格西（Geshe Ngawang Dhargyey）的《法友之忠告》（*Advice from a Spiritual Friend*）。

③「內觀或覺醒持有者」或「狂智持有者」是對本書作者邱陽創巴仁波切的尊稱。

④「金剛界」是創巴仁波切設立的佛教禪修中心協會。

之後，在傳授菩薩戒時，仁波切也會把施受法介紹給學生；菩薩戒是受戒者發願奉獻生命利益他人的正式聲明。在這段期間，施受法在各式各樣的情況下介紹給人們。那若巴學院（Naropa Institute）是佛教徒創辦的大學，位於美國科羅拉多州的博德（Boulder），其臨床心理學課程融入施受法的修持。在那若巴學院舉辦的佛教與基督教對談中，施受法也是一個探討的面向。目前在精進一月禪（藏文 dathüns）中，施受法也固定會介紹給學員，如果他們想要更密集地觀修訓練，就可以參加專門修施受法的一月禪。每月爲病人修法時，以及在金剛界舉辦的度亡法會中，也都會修施受法。

我們修持口訣，就會開始了解即使在最小的動作中，也都含有自我中心的習氣。自我的習氣根深柢固，影響所有行動，甚至所謂的善行。施受法直接淨化自我中心的習氣模式，並且基於「他重於己」的練習。我們從自己的朋友開始，擴大到相識的人，最後甚至到敵人，我們擴展知覺的範疇，以接納他人、利益他人。這麼做並非因爲我們是烈士，或壓抑對自己的關懷，而是因爲我們開始接納自己和世界。修持口訣擴增了柔軟心和力量，因此我們的行動是基於感恩，而不是持續地一下充滿希望，一下充滿恐懼。

直接面對利他和自我中心這兩個最基本的對比，需要相當的勇氣和膽量。它直指修道的核心，連一點摸魚或退轉的空間都沒有。它是非常根本的修持法。

施受法在處理痛苦和失落上特別有力。對於自己或他人的疾病或死亡，施受法幫助我們不反抗或排斥這些經驗，而是更單純和直接地面對。

施受法上座時的觀修是以呼吸爲媒介，跟止觀的修法一樣。開始之前，重要的是先以止和觀把自己穩定下來，這是施受法的基礎。施受法有三個階段。首先，你稍微把心安住在開放之中，一兩秒就好。這個階段有點突然，好像在穩定和清明的基礎上「閃」了一下。其次是正行部分。你把燥熱、黑暗、沉重、如幽閉恐懼症的感覺吸進來，然後把涼爽、明亮、輕盈、清新的感覺呼出去。你感覺這些品質在全身的毛孔進進出出。施受法的感覺或心境大致建立後，就要開始注意念頭的內容了。不管生起什麼念頭，你只要把不想要的吸進來，把想要的呼出去。你從自己當下的念頭開始，然後擴大到周圍的人和其他有情眾生，他們都和你一樣在受苦。比如說你感到自己不夠圓熟，那麼就先吸入這種感覺，然後呼出充盈無缺的感覺。接下來你擴大練習，擴大到超越自身的利害關係，與週遭和全世界那些痛切的感受連結。施受法的本質就是打開你的心胸：全心全意地承受，全心全意地付出。修施受法時，什麼都不拒絕；不管生起什麼，都在爲修法添加燃料。

創巴仁波切強調口傳的重要，因爲老師親自、直接把修法傳授給學生。如此一來，學生直接參與延續不斷的智慧傳統，回到許多世代前佛陀在世的時候。透過口傳，修法根本生動的特質就會非常人性化，這不是光從書本上就能獲得的。因此，在修習施受法之前，建議你盡可能和一位老參碰面，討論施受法，並學習上座時的觀修法。

下座後的練習是指在日常生活當中，自然憶起適合當下處境的口訣。你不是用力或刻意地管制自己，以使行動與口訣一致，而是因爲你研讀這些傳統口訣，所以它們能夠自然浮現提醒你。如果你研讀修心七要和背誦口訣，就會發現它們在你最不經意的時候，會毫不費力地在你心中生起。它們有縈繞不去的特質；它們反覆出現，能讓你漸漸對慈悲的本質有越來越細微的了解。

噶當口訣有不斷回歸自身本意的方法，因此任何把口訣當成枴杖依賴，以支持某個道德觀的企圖，都會逐漸破滅。這種培養德行的方法可以去除狹隘見、恐懼和我執等障礙，所以一個人的行動不會被沉重的我愛、我見和我欲拖累。口訣是要「修持」的，是要研讀和背誦的。同時，也要「放下」它們。它們只是概念上的工具，指向非概念的證悟。

佛法中經常有幽默和諷刺的元素，這裡也是一樣：一句口訣經常顛覆它的前一句，因而擴大一個人的視野。這些口訣圍成一圈，裡面什麼也不排斥。不管心中生起什麼，都要放下，讓念頭進入修持口訣而擴大的覺察空間中。這樣開闊的心，才是開展悲心的基礎。

噶當口訣呈現的道德觀類似莎士比亞的名句：「慈悲的品質不能強求，它如天上輕輕降下的雨。」這裡沒有道德戰場的意思，不是要避開邪惡，爲正義而戰。悲心在傳統佛教中的意象是太陽，它仁慈地普照萬物。照耀是太陽的本性，不需勉強。同理，一旦障蔽悲心散發光芒的蓋幔移除，悲心也是人類的自然活動。

仁波切鼓勵學生把施受法融入每日的修法中，並且憶持口訣。他要學生把口訣一句句漂亮地寫下來，貼在金剛界的研修營上。你永遠不知道什麼時候會巧遇一句口訣。比如說，你可能發現廚房貼著「思眾皆有恩」，或是樹上吊著「眾咎皆歸一」。口訣是要一句句思惟的。因此，仁波切鼓勵學生使用印好的口訣卡當做每日的醒思警語。

願此實用和單純的教法啓發我們開展慈悲，並且不對自己或他人放棄慈悲。願教法引生無畏心，以克服緊抓不放的自我。願教法使我們能夠把最由衷的發願付諸行動，在覺悟道上利益一切有情眾生。

致謝

本書於多年前開始編譯，投注許多人的心血。一九八一年，那瀾陀翻譯委員會（Nālandā Translation Committee）的成員密切地和持明上師邱陽創巴仁波切（Chögyam Trungpa）校正噶當口訣的初譯稿，並於一九八六年再針對校正本討論。當時參與的譯者包括烏金・笙本喇嘛（Lama Ugyen Shenpen）、希拉布・邱津（Sherab Chödzin）、多傑・羅崩・羅卓・多傑（Dorje Loppön Lodrö Dorje）、羅賓・孔曼（Robin Kornman）、勞瑞・孟苗斯坦（Larry Mermelstein）和史考特・威倫巴赫（Scott Wellenbach）。翻譯委員會在這本書出版前，又把他們的譯文仔細檢閱一番，做了些許的修正，成就本書的最後定版。參與最近這次校正的翻譯委員會成員包括烏金・笙本喇嘛、茱莉絲・雷文森（Jules Levinson）、勞瑞・孟苗斯坦、馬克・諾瓦科斯基（Mark Nowakowski）、約翰．洛克威爾（John Rockwell）和史考特．威倫巴赫。同時，《菩薩律儀四十六輕戒》（*Forty-six Ways in Which a Bodhisattva Fails*）的翻譯也準備妥當。

金剛界編輯部的莎拉．柯莉曼（Sarah Coleman）完成初稿，也出席與仁波切共同討論的初譯會。之後她和仁波切連續開了好幾次會，把講釋部分修飾得更明白精練。仁波切對噶當口訣修法的開示散見於歷年的《金剛界研修營謄本》（Vajradhatu Seminary Transcripts）上，由岡波寺的天津．歐卓（Tingdzin Ötro）一絲不苟地在電腦上編纂。此外，創巴仁波切開示的錄音、謄寫和保存工作，也花了無數金剛界檔案室義工的心血，我要對他們致上最誠摯的謝意。

蔣貢康楚（Jamgön Kongtrül）對於修心七要的論釋，藏文本由尊貴的卡盧仁波切（Kalu Rinpoche）交給肯．麥可里歐（Ken McLeod）譯成英文，於一九七四年首次發行，書名為《覺醒大道》（*The Great Path of Awakening*, Shambhala, 1987），這一直是行者的法本，對本書初稿的準備也大有助益。

我要感謝黛安娜・木克坡女士（Mrs. Diana Mukpo），她一直支持「法海叢書」（Dharma Ocean Series）的編譯，並且允許和鼓勵出版這些開示。

尤其要感謝的是尊貴的邱陽創巴仁波切。他教示我們如何實際開展慈心，並且不斷鼓勵我們讓這些開示廣為流傳，以利益活在此艱難時節的眾生。

茱蒂絲・雷芙（Judith L. Lief）

引言

在大乘傳統①中，當我們對自己有溫和的感覺時，對他人就會生起友善的感覺。這個友善或悲心的藏文是「nyingje」，字面的意思是「高尚的心」。我們發願和一切有情眾生結緣，但是在實際展開這項事業之前，我們首先需要很多訓練。

成爲大乘行者的障礙，是對他人和自己都不夠慈悲，這是基本重點。這個問題可以透過實際的「修心」來處理。這種「心的訓練」給我們一條路、一種方法，來雕磨自己粗野、不修邊幅、生澀和有稜有角的作風，以成爲良好的大乘行者。無明愚蠢的大乘弟子有時候認爲自己必須往臉上貼金；他們想當領袖。我們有個法門可以克服這個問題，那就是修習謙卑，這跟修心有關。

大乘的基本見地是努力利他和創造利他的因緣。因此，你發願把自己奉獻給他人。一旦如此，你就會了解他人重於自己。因爲大乘的利他見地，因爲你發願奉獻，因爲你實際發現他人更爲重要——三個因素加起來，使你修持大乘的修心法門。

小乘佛教的修法基本上是「馴伏」此心。我們對治各種不正念，就會變得鉅細靡遺、念念分明、言行如法。當我們因爲修止（shamatha，正念）和觀（vipashyana，覺照）而能夠以完全馴伏的心聽法時，就能開始完整地了解佛法。之後，對於如何以馴伏的心和他人互動，我們也開始有全面性的了解。

大乘談「修」心比較多。修心是馴伏的下一步。心已經馴伏了，因此可以訓練了。換言之，我們因爲修行小乘佛法，而已經能夠馴伏自心了。心馴伏後，就可以進一步使用。這就像古時候捕捉野母牛的故事。捉到野母牛，把牠馴伏好之後，你會發現牠對主人變得百依百順。事實上，牠喜歡被馴伏。因此這時牠成爲人類家庭的一部

①根據西藏佛教，小乘、大乘和金剛乘是指個人修行的三個階段，不是佛教法門的不同宗派。見辭彙表。

分。更早之前並不是這樣的，我確定母牛在我們馴伏以前是狂野兇猛的。

修心的西藏音是「lojong」：「lo」的意思是「心智」、「心」、「能知」；「jong」的意思是「訓練」或「處理」。修心教法包括大乘的幾個修法步驟或要點。修心的基本訓練是七重地清理或處理自心。

本書以噶當派的基礎法本《修心七要根本法本》和蔣貢康楚大師的論釋爲基礎。此論釋在藏文中稱爲「Changchup Shunglam」。「政府」和「主體」都使用「shung」這個字，因此「shung」的意思是「治理的主體」。比如說我們可以把西藏政府稱爲「pö shung」，「pö」指「西藏」，「shung」指「政府」。治理一國的政府是很龐大的行政體系，而不是狹小的；政府要照顧到國民的心理、經濟、政治和內政。「Shung」其實是運作的基礎、運作的主流。「Lam」的意思是「路徑」。因此，「Shunglam」是條公用道路，可以說是邁向開悟的基本過程。換言之，它是大乘之道。它是大眾所走的公路，是條寬廣的道路，格外地寬廣、格外地通暢。「Changchup」的意思是

「開悟」，「shung」是「寬廣」或「基本」，「lam」是「路徑」。因此論釋的標題是《邁向開悟的基礎道》。

正文以阿底峽尊者的修心教法爲基礎，出自藏傳佛教的噶當派。噶當派大約創立於瑪爾巴和密勒日巴的時代，那時西藏的僧院制度已經落地生根了。噶舉派教徒從密勒日巴和噶當派上師的弟子岡波巴得到這些大乘佛教修心正法的教授。噶當派又分爲觀行派和理行派。我們這裡講的內容是跟噶當派的觀行傳統有關。格魯派擅長辯證法，因此他們用比較哲學的方式了解噶當傳統。

對我們來說，「噶當」（kadam）這個詞的意義很有趣。「噶」意指「下令」，如同將軍振奮士氣的演說或是國王對大臣的命令。也可以說是「上帝的話」或「福音」，如同基督教傳統所說：「太初有道（福音）」（「In the beginning was the Word」）。福音是根本神聖的下令，完全是第一個發出的音聲。在這裡「噶」的意思是絕對眞理，並且是從個人觀點而言的實際或可行。「當」是「口傳教授」、「個人教授」，也就是教我們如何適當地掌握自己生命的指南。因此，「噶」和「當」合起來的意思就是：所有的「噶」，所有的命令或口信，都是實際、可力行的口傳教授。它們對觀行的學生來說，是實際力行的基礎。這是「噶當」的本意。

這裡介紹的口訣非常簡單，沒有特別哲學的部分，完全符合噶舉派某位大師所認爲的「祖母的指點」。當祖母說：「這就是我以前經常去摘玉米、拔野菜的地方」時，她通常會用手指頭指給你看，而不是寫在紙上或靠地圖說明。因此這是祖母的方法。

我個人研讀了很多佛教哲理，因此當蔣貢康楚第一次建議我研讀《邁向開悟的基礎道》時，我鬆了一口氣，因爲佛教是那麼簡單，讓你能實際力行和修持。你可以只照著書上所說的去修，這是多麼有力量、多麼讓人安心啊。我到現在還有那種單純的感覺。《邁向開悟的基礎道》那麼殊勝、那麼直接，我不知要用什麼樣的言語形容才好。它有點草根味，但同時，閱讀這種文字非常能撫慰人心。這就是蔣貢康楚大師的特色之一：他可以完全轉換他的語調，好像他是另外一位作者。他會依主題的不同而轉變寫作的方式，而他和讀者互動的基本知覺也變得完全不同。

蔣貢康楚大師的噶當口訣論釋，是我出家認眞修行的初期階段所研讀的最佳書籍之一。我那時因爲這本書而覺得自己將成爲單純的小和尚，覺得自己將要學習這些法門而成爲良好的小佛教徒和觀行者。這一絲欣喜貫穿我的一生。儘管我一生起起伏伏，又有組織的問題，我仍然覺得自己基本上是單純、浪漫的佛教徒，對老師和教法至心信受。

以上所說只是黃金大海的一滴。每一次你閱讀這樣的書，都會再度確定它有一些東西，讓一切都變得非常簡單和直接。這點讓我非常快樂。我也睡得很好。我在介紹此教法時，都是直接了當斬斷成見和破除自我。但同時，大乘佛教始終有柔美的恭敬和單純是你永遠不能忘記的。這點很重要。我不是故意要戲劇化。如果我那樣表現就太糟糕了。但是我確實非常讚嘆蔣貢康楚大師和他討論此教法的方式。

【第一要】

前行：修法的基礎

首先修前行。

修持口訣和平日生活時，你應維持以下四念：（一）人身的可貴，而且活在能聽聞佛法的環境又特別幸運；（二）死亡的眞實，因爲死亡毫無預警，忽然來臨；（三）業力的陷阱：不管你做的事是善或惡，都只會使你更加陷入因果鏈中；（四）苦的強烈和不可避免，對你和對一切有情眾生都是如此。這稱爲「採取四提醒的心態」。

你應該以這個心態爲基礎，恭敬地祈請上師，把上師的典範所啓發的清明氛圍迎入自身，並且誓願拔除造成未來無明和痛苦的根。這點和慈心緊密相關。在修行道的傳統比喻中，唯一清淨的鍾愛對象，是可以指引你修行的人。你和父母、親戚等等都可以有親愛的關係，但儘管如此還是有問題：因爲它就是煩惱。只有和自己的老師，才可能產生清淨的愛。因此這位完美又慈悲的對象是個起點、是個方法，用來培養超越煩惱的關係。特別是在大乘佛教中，老師幫你維持平衡：他使你從憂鬱中振作起來，使你從激昂裡沉靜下來。從這個角度來看，老師是很重要的。

這句口訣把輪迴（苦痛、囚禁和無明混亂的象徵）和根本上師（開放、解脫和清明智慧的代表）的對比當成所有修行的根基。以此來看，它深受金剛乘的影響。

【第二要】

正行：修持菩提心

勝義和世俗菩提心

勝義菩提心和佈施波羅密

勝義菩提心的要旨，在於修持以如意寶象徵的佈施波羅密。佈施西藏音是「jinpa」，意指「給予」、「打開」或「分送」。因此，佈施的概念是不藏私而一直給予。佈施是根本的開放、全然的開放。你不再受制於開發自己的計畫或方案。打開自己最好的方式是與自己和他人做朋友。

傳統上，佈施分爲三種。一、財佈施：給予物質的幫助或提供他人舒適的情境。二、無畏佈施：你向他人保證，並教導他們不須覺得自己的存在是全然的痛苦、是一場噩夢。你幫助他們了解有個本善和修行道，有個方法能支持他們的生命。這就是無畏佈施。三、法佈施：你讓他人知道有一條由戒、定、慧構成的路。透過這三種佈施，你就能打開別人的心胸。如此一來，他人的封閉、不幸和狹小的思惟就能轉成更大的視野。

這就是整個大乘的基本見地：讓人們想得更廣、更大。我們有辦法以廣大的佈施心、善心和富裕感打開自己，並且融入世界的其他眾生。我們給的越多，得到的也就越多，雖然我們不應特別爲了得而給予。反之，我們給的越多，就越能啓發自己一直給予。回報總是自然、自動發生的。

佈施的相反是吝嗇、藏私，基本上，這是貧窮的心態。勝義菩提心口訣的基本原則是安住於第八阿賴耶識，而不是跟隨我們的妄念。「Alaya」是梵文，意指「基礎」，有時候是指「住所」或「家」，就像「Himalaya」（喜馬拉雅）的意思是「雪鄉」。因此，「阿賴耶」有範圍廣闊的意思。在意識被分成「我」和「他人」，或產生各種情緒之前，「阿賴耶」是意識的根本狀態。它是處理萬法和萬法存在的基礎地。爲了安住在阿賴耶的本性中，你必須超越貧窮的心態，了解自己的阿賴耶和他人的都一樣好。你感到富裕和自足。你做得到，而且你也可以佈施。勝義菩提心口訣

（口訣二到六）是修心的基本依據，透過這些口訣，我們將熟習勝義菩提心。

勝義菩提心和究竟空性類似。只要有究竟空性，就必須同時對究竟悲心有基本的了解。空性的字面意思是「開放」或「空」。基本上，空性是了解「非眞實存在」。當你開始了證「非眞實存在」時，你就有辦法更慈悲、更能佈施。問題是我們通常想執著自己的領土，固定在那特定的地面上。一旦我們開始固定，就無法佈施。了證空性的意思是發現實無地面可得，了解我們終究是自由的、無瞋的、開放的。我們了解自己其實是非眞實存在的。我們不是……應該說我們是「沒有」才對①。然後我們就可以佈施了。這時，我們得到很多，卻沒失去什麼。這是很基本的。

悲心是基於自身某種「柔軟處」的感覺，好像身上長顆痘痘，很痛，痛到我們不想揉它或抓它。洗澡時，我們不想在上面抹太多肥皂，因爲會痛。有個痛點或「柔軟處」，它就是一揉就痛，碰到熱水或冷水也會痛。

身上的痛點是悲心的比喻。爲什麼呢？因爲我們即使是在盛怒瞋恨當中、在麻木不仁或懶散怠惰時，還是一直有個柔軟處，某個可以讓我們培養，或至少不弄成瘀傷的點。每個人都有那種基本的痛點，包括動物。不管我們是瘋狂的、沉悶的、強勢的、自私自利的，不管是什麼樣子，都還是有那個痛點。傷口（這可能是更生動的比喻）永遠存在。那個傷口通常造成很多問題，非常不方便。我們不喜歡傷口。我們想強硬。我們想戰鬥、顯得強壯，才不用防衛自己的任何一面。我們想當場和敵人徒手搏鬥。我們想完全怪罪別人，這樣就沒什麼過失好隱藏的了。如此一來，如果有人決定回擊我們，我們也不會受傷。順利的話，沒有人會打到那個痛點，那身上的傷口。心的內涵同時擁有貪愛和慈悲。但不論我們多麼無明混亂、多麼像個宇宙怪物，傷口或痛點永遠存在。永遠會有痛點的。

---

① 「不是」這個字是有條件的，因為它後面通常接著一個對象——不是這個或不是那個；「沒有」這個字是無條件的：就是「沒有」！

痛點或傷口有時候翻成「宗教信念」或「神秘經驗」。但我們不管這些。這和佛教無關，和基督教無關，而且和其他任何事情也毫無關係。它只是一個傷口，非常單純的傷口。有傷口很好，至少我們還有別人可以接近的地方。我們不是隨時都一身盔甲。我們在某處有個痛點，有個傷口。眞是好加在！謝天謝地！

因爲有那個痛點，所以即使我們是「宇宙怪物」（墨索里尼、毛澤東或希特勒），也還是能夠墜入愛河。我們仍能欣賞美、藝術、詩詞或音樂。痛點之外的地方可能覆蓋著鐵片，但某個痛點永遠存在，眞是太棒了。那個痛點就是大家所知的胚胎悲心、潛在悲心。至少我們的生命有某種空隙、落差，讓基本健全的心智得以透射。

我們的健全標準可以很基本。我們的痛點可以只是純粹喜歡玉米餅或咖哩。但這就夠好了。我們有某種開口。喜歡的「對象」是什麼並不重要，只要有個痛點、傷口就好。那就是所有細菌的入口，它們從那裡開始繁殖、佔據我們、影響我們的身體系統。而悲心也正該如此生起。

除了外傷，還有內傷，稱爲「如來藏」或佛性。如來藏像一顆被智慧和慈悲切割、弄傷的心。當外傷和內傷開始接觸相通時，我們就會了解自己徹頭徹尾是由一個完整的痛點做成的，這稱爲「菩薩燒」（bodhisattva fever）。這個脆弱就是悲心。我們眞的完全再也無法防衛自己了。巨大無邊的傷遍一切處——它同時是內傷和外傷。內外傷都對冷空氣、熱空氣和小波動很敏感，並且我們的內在和外在都開始受到影響。它是愛的熊熊烈火（如果你想這麼稱呼的話）。但我們對自己所說的愛要很小心。什麼是愛？我們知道愛嗎？愛是個定義模糊的字。在這裡，我們甚至不把它稱爲愛。在青春期之前，沒有人會對性慾或愛情有任何概念。同理，我們因爲還沒了悟自己的柔軟處到底是什麼，所以不能談論愛。我們只能談論熱情。談論悲心可能聽起來太偉大了。悲心聽起來很棒，但其實它跟愛有點不同，愛很沉重。悲心（compassion）是一種熱情，意思是同（com-）情（passion），用英文字根來看就容易瞭解了。

倘若我們的皮膚有道傷口，治療起來就很辛苦；但另一方面，這又很溫柔。治療的意圖是溫柔的，但療程卻非常艱苦。結合意圖和治療，你可以說是一起受到「艱苦的」治療和「溫柔的」對待。這讓你轉變為菩薩。你必須經歷那種過程。你必須跳入攪拌器裡。你必須這麼做。跳入攪拌器並和它一起運作就對了。然後你開始覺得自己在攪拌器裡游泳。你被攪拌處理之後，甚至還覺得有點享受。因此，只有悲心才能使你對勝義菩提心有實際的了解。換言之，純粹邏輯的、專業的或科學的結論，不會讓你有眞正的了解。勝義菩提心的五句口訣是入慈悲之門的步驟。

在座許多人都不是特別慈悲的，這很令人震驚。你沒有解救你溺水的祖母，也沒有解救你那受宰割的寵物狗。因此，我們必須把悲心這個主題從頭到尾講一遍。悲心是一個非常非常龐大的主題，格外龐大的主題，包括如何「變得」慈悲。其實，勝義菩提心是世俗菩提心的準備。在開展悲心之前，我們首先需要了解如何正確地「變得」慈悲。如何愛你的祖母、如何愛你的跳蚤或你的蚊子，尚是其次。世俗諦的悲心又更其次。如果我們不了解勝義菩提心，也會完全不了解對人慈悲為懷的實際運作基礎。我們大可加入紅十字會就好，自欺欺人，創造額外的垃圾。

根據大乘傳統，我們確實能夠生起二重菩提心：世俗菩提心和勝義菩提心。我們兩者都能生起。菩提心生起之後，就能繼續前進，並以菩薩爲榜樣來修習。我們可以是積極的菩薩。

爲了生起勝義菩提心，我們必須止觀雙運。有了「止」的基本正念和「觀」的全然覺照之後，融合兩者讓兩者涵蓋我們整個生命（我們的行爲模式和日常生活）、每件事情。如此一來，不管是在上座時的禪修還是下座後的練習，正念和覺照隨時都會同步現起。不管我們是在睡覺還是醒著，進食或漫遊，止和觀皆隨時現起。這是相當愉悅的經驗。

有了愉悅，止和觀也使我們較容易對萬法生起友善感。早先的惱怒和瞋心，可以說是被正念和覺照處理過了。這時反而有本善的概念，噶當法本把本善描述爲阿賴耶的自然美德。我們要了解這個重點。在意識被分成「我」和「他人」，或產生各種情緒之前，「阿賴耶」是意識的根本狀態。它是處理萬法和萬法存在的基礎。而它的基本狀態，或是它的自然風格，是善。它是非常仁慈的。存在的基本狀態根本上是善的，是我們可以依賴的。我們有空間放鬆、敞開自己。我們可以與自己和他人做朋友。這就是根本美德或本善，它是勝義菩提心可能生起的基礎。

一旦我們受到止和觀的啓發，就會發現有空間可以讓我們呈現全然正面的素樸。藏文的素樸是「pak-yang」，意指「無憂無慮」或「放鬆」。我們不須掛心自己的本善。我們不須全心細查或調查，以確知自己的阿賴耶裡沒有蚊子或蟲卵。我們能以素樸放鬆的方式，相當自由自在地生起阿賴耶的本善。我們可以生起鬆弛感和解除痛苦——解脫一切的束縛。

世俗菩提心和持戒波羅密

這把我們帶到下一階段。還是一樣，我們不是停留在理論、概念的層面而已，還要回到最實際的層面。在大乘，我們主要是關心如何喚醒自己。我們開始了解自己並不像之前以爲的那麼危險。我們修慈心觀（maitri），之後轉爲悲心（karuna）的生起。

修世俗菩提心跟持戒波羅密有關。如果你沒有持戒，就會像沒有腳卻要走路。沒有持戒，你無法解脫。戒的藏文是「tsültrim」：「tsül」的字面意思是「正當」，「trim」是「紀律」或「守規則」。因此，「trim」可以翻成「規則」或「正義」。「Tsültrim」的基本概念不只是佈施而已；它的意思是很有威儀，也指無貪愛感和非領域感。這些都跟世俗菩提心很有關係。

世俗菩提心來自單純和基本的體證：在任何情況下，自己都能有柔軟心。即使是最凶惡的動物，在照顧牠們的幼雛時，或是爲了保護幼雛而照顧自己時，也都有柔軟心。我們從止觀雙運的基本訓練中，開始了解自己的本善，並且隨順本善。我們開始安住在阿賴耶識的本性中，無憂無慮，非常素樸平凡，就某方面來說，也很隨意。當我們放下自我時，就會覺得自己的存在是很好的。我們可以把這個感覺當成「過得愉快」，一個很普通平凡的概念。然而，當我們對自己有善意時，並不是爲了達成任何目的，而只是試著做自己。就如大家所說的：我們可以呈現自己的本色。那時，我們自然會覺得有辦法讓自己解脫。我們有辦法放鬆。我們有辦法對自己更好、更信任自己，並且讓自己感覺很好。阿賴耶識的本善永遠存在。是那種健康、欣喜和素樸的感覺讓我們了證世俗菩提心的。

世俗菩提心旨在如何開始學習互愛和愛自己。這是基本重點。對我們來說，學習去愛是很困難的。如果迷人的對象、某種夢想或前途就在眼前，我們是有可能去愛的。或許那時我們就可以學習去愛了。但如果愛是指純粹給予愛而不期望任何回報，我們就很難學習去愛了。這很難做到。當我們決定愛某人時，通常會期望他能滿足我們的欲望，並且符合我們英雄崇拜的要求。如果他能滿足我們的期望，理想上就可以和他談戀愛。因此，大部分的戀愛通常是有絕對條件的愛。這比較是商業交易，而不是實際的愛。我們不知如何傳達溫馨的感覺。當我們確實開始對某人傳達溫馨的感覺時，這卻讓我們非常緊張。而當所愛的對象試圖振奮我們時，那卻成爲侮辱。

那種愛法是非常瞋心導向的。在大乘，尤其是在觀行的傳統中，愛主要是基於自由、開放、不求回報的愛。那種愛是共舞。即使你們在跳舞當中踩到彼此的腳趾，也不會認爲這是問題或侮辱。我們不須因此而不高興或對這點很敏感。對我們所有人來說，學習去愛、學習打開心胸，是最難的事情之一。我們隨時都受貪愛的制約。因爲我們在人道，所以我們的主要特徵一直都是貪愛和欲望。因此，大乘教法是基於傳達、開放和無所求的心。

我們開始了解到萬法的本性是毫無概念、本自性空的，也了解到桌椅、地毯、窗簾、牆壁都不再是妨礙，這時我們就可以無限擴展愛心，沒有阻礙。談論空性的眞正目的，是讓我們有空性，因而能用不期望、無所求、不佔有的愛塡滿整個虛空。這也是大乘最有力的貢獻。

反之，小乘佛教行者非常熱衷於個人的解脫道，他們不傷害其他眾生。他們是理性、善意和非常禮貌的人。但如果只以個人解脫為目的，完全不利益他人，你如何能有真正的禮貌，並且如何一天二十四小時都保持微笑？即使你和藹可親又禮貌，你還是一直在為自己做事。那很難做到。在大乘的層面上，愛有很多空間：廣大的空間、開闊和大膽。你一生起那種愛，就沒有時間各掃門前雪。

母子之間的關係，是生起世俗菩提心的首要比喻。根據中古世紀的印度和西藏傳統，生起世俗菩提心的方法是選擇母親為生起溫柔感的第一對象。傳統上，你對自己的母親有溫暖親切的感覺。在現代社會，這點可能有困難。然而，你可以回到中古世紀對母性的概念。你可以感謝她為了你而犧牲自己的安適。你可以回想她過去是如何在半夜聽到你的哭聲而醒來，如何餵你、幫你換尿布等等。你可以回想自己如何在這個小家庭裡扮演統治者，而母親如何成為你的僕人。只要你一哭，她不管喜不喜歡，都會跳起來看你發生了什麼事。你的母親確實這麼做。等你年紀大一點時，她對你的安全和教育等等非常掛心。因此，為了生起世俗菩提心（相對的、覺醒的溫柔心），我們以自己的母親為例子，好比她是我們的導航燈。我們想想她的所作所為，就會領悟她為我們犧牲這麼多。她的慈愛是重視他人甚於自己的完美例子。

觀想自己的母親是世俗菩提心的前行。你應該以此為起點。你可能是瞋心極重、憤世嫉俗的人。你可能是垂頭喪氣的人。但你還是可以回想自己的童年，想想母親對自己有多麼好。即使你怨恨母親，你還是可以想到她的好。你可以回想曾經有人為了你的生活，而犧牲她自己的生活，並且把你拉拔長大，成為現在的你。

這裡談到的世俗菩提心，在某方面是非常原始的。另一方面，它也非常具啓發性，這是菩提心應有的特性。雖然你可能是瞋心極重的人，卻不能說你的一生都沒有受到別人的幫助。某人曾經對你很慈愛，為你而犧牲。否則，如果沒有某人把你養大，你就不可能是現在的成年人。你可以了解當你軟弱無助時，母親把你養大和照顧你並非全然出於義務，還出於她的眞誠，因此有今天的你。那種慈悲是非常眞實和直接的。

有這樣的了解，我們就可以開始延展自己非瞋恨、非沮喪、非憤怒和非怨恨的心，而不只是感恩自己的母親。這跟服從和無貪愛的持戒波羅密有關。傳統上，我們以母親爲例子，之後延伸至朋友和一般大眾。最後，我們甚至試著對敵人、不喜歡的人都更有好感。因此，我們延伸溫和、柔軟與感恩的心。我們不是專門在談基督教的慈善，而是如何使自己柔軟和理性。我們在談到底要如何才能對任何人都抱持感恩的心，就從自己的母親開始，延伸至自己的父親等等，直到我們包含世界的其他眾生。因此到最後，我們甚至可以開始同情臭蟲和蚊子。

世俗菩提心的修持起點是了證他人確實比自己更重要。他人可能一直給我們找麻煩，但我們仍然可以對他們很好。依照世俗菩提心的邏輯，我們應覺得自己較不重要，他人較重要——其他人任誰都比較重要！這麼一來，我們就會覺得如釋重負。最後，我們明白我們有給予他人愛和關懷的空間，而不只是一直侷限在這個稱爲「我」

的東西。「我是這樣，我是那樣，我餓了，我累了，我是等等等。」我們可以爲他人著想。從這個觀點來看，世俗菩提心是相當簡單平常的。我們可以照顧他人。我們確實可以有足夠的耐心，練習無我地服務他人。世俗菩提心口訣（口訣七到十）指導我們如何用非常簡單的方式修持世俗菩提心，好比祖母用手指出東西。

勝義菩提心口訣

2 思諸法如夢。

這句口訣表達了悲心和開放。它意指不管你在生活中經驗到什麼——苦、喜、樂、悲、粗劣、細緻、精密、生硬、熱、冷或任何經驗——都純粹是記憶。菩薩道的實際修法是把任何發生的事情當作幻影。從來就沒有事情發生過。但因爲沒發生什麼事，所以每件事都發生了。當我們要娛樂時，似乎沒發生什麼事。然而在這裡，雖然萬法都只是你心中的念頭，卻是不斷地在潛移默化。「沒發生什麼事」是開放的經驗，而潛移默化是悲心的經驗。

禪坐可以使你經驗那如夢的特質。當你在觀照呼吸時，突然妄念會開始生起：你開始看到景象、聽見聲音、感受事情。但所有這些覺知都只是你自心創造的。同理，你可以發現你對敵人的恨，對朋友的愛，對金錢、食物和財富的心態，全都是妄念的一部分。

「思諸法如夢」不是說你變得模糊不清、每件事都帶點睡意。其實你還可能做個栩栩如生的好夢哩。「思諸法如夢」是說雖然你認為萬法是堅實的，但是你覺知萬法的方式，是柔軟如夢的。比如說你參加過共修，你鮮活地記得蒲團、坐在前面的人士、食物、鑼聲和睡舖。但這些情況，沒有一個是完全堅硬不可摧的。萬法皆無常。

萬法有如夢的特質。但同時，心識的產物又相當逼眞。如果你沒有心識，就完全無法覺知事物。因爲你有心識，所以你覺知事物。因此，你所覺知的是自心的產物，心以六根爲管道來產生六識。

3 觀無生覺性。

看看你的本心，它只是單純的覺性，沒有區分成塊；它是你內在的思考過程。只要看它就好，看它。觀照不是分析，而只是一般的如實觀看。

心是「無生」的覺性，因爲我們對它的來歷一無所知。我們不知道這顆心，我們瘋狂的心，從何而起。它無形無色，沒有特別的圖像或特徵。它通常是一直忽隱忽現、生滅不定的。它有時蟄伏，有時遍一切處。看你的心。這是勝義菩提心修法的一部分。我們的心一直搖擺晃蕩。看它，「看它」就好！

你可能會迷戀「思諸法如夢」的境界，執著各種不必要的景象和幻想。因此，繼續看它的下一句很重要：「觀無生覺性」。當你超越覺知的層次時，亦即當你觀看自心時（你無法實際用眼睛看，但你假裝這麼做），就會發現那裡什麼也沒有。你恍然大悟，原來那裡沒有東西可以執著。心是「無生」的。但同時，它是「覺性」，因爲你對事物仍有知覺。心是明與覺的。因此，你應看看到底是「誰」在認知諸法如夢，並藉此思惟無生的覺性。

如果你一再探究心識的根源、心識的地基，就會發現它無形無色。基本上來說，你的心就某種程度而言是空的。對它來說什麼都沒有。我們開始培養一種空性的可能性；雖然在這裡，那種可能性是相當單純的，它的功用也相當基本。當我們觀看心性的根源時，當我們試圖找尋見、聞、嗅和觸的原因時，如果我們不斷超越地觀看，就會發現一種空。

那種空跟正念有關。首先你開始對某「物」了了分明：你對自己了了分明，你對自己散發的氛圍了了分明，你對自己的呼吸了了分明。但如果你觀看「爲何」自己有正念，並探究你所了了分明的「事物」，就會發現一切都沒有根源。萬法開始消融。這就是「觀無生覺性」的概念。

4 空藥亦自解。

觀看我們的本心，就很可能發展出偏差的邏輯。我們會說：「好，如果萬法皆無根源，何必費心探究？探究到底有什麼意義？何不相信整件事情背後都沒有根源就好？」這時，下一句口訣「空藥亦自解」就很有幫助了。以空性做解藥就是了證我們的妄念是沒有根源的。這個體悟幫助很大；當我們執著萬法爲眞時，空性就成爲對治或是有益的建議。但我們需要超越這個空藥。我們不應該執著空性帶給人的一切都沒什麼、放鬆無憂的感覺。

以空性做解藥的意思是萬法皆空，因此你沒有什麼好掛慮的。你的心偶然會瞥見空性。因爲你有這個空性體驗，所以不管發生什麼大小事，都無關緊要。就好像有人開玩笑地從背後拍你一下，一切都會化爲「呼哈、嘿嘿嘿」的笑聲。沒有什麼大不了的，所以放下吧。一切都是空性，所以誰在乎呢？你可以殺人，你可以禪修，你可以表演，你可以做任何事——不管你做什麼，都是在修行。但以空性爲解藥有非常弔詭的一面：上述斷滅空是對空性的錯誤詮釋，稱為「空毒」。

有些人說他們不須禪坐，因為他們永遠「了解空性」。但是這點很弔詭。我一直很努力地矯正這樣的人。我永遠且完全不信任他們，除非他們實際坐下來禪修。你不能狡辯說你可以一邊在洛磯山脈的泉水中釣魚一邊禪修；說你可以一邊開保時捷汽車一邊禪修；說你可以一邊洗碗（就某方面而言，這倒是比較說得通）一邊禪修。那可能是實在的做事方法，但仍然很可疑。

以空性做解藥的概念是我們可以做任何事，只要正念覺察，一切都不會有問題。法本上說「空藥亦自解」，這裡所說的空藥係指似是而非的空藥。我們可能把每分鐘、每天、每個晚上去看電影當成禪修，或是把看電視、梳理馬的鬃毛、餵狗、長時間在林中散步當成禪修。西方傳統或神造萬物論多把如上的一切生活瑣事當成冥想。

神造萬物論把冥想當成極好的事來做。一般對上帝的概念是祂創造了世界：樹林是上帝創造的，城堡廢墟是上帝創造的，海洋是上帝創造的。因此，我們可以一邊游泳一邊冥想，或是躺在上帝創造的沙灘上，享受一段極好的時光。這種有神論式的大自然崇拜已成爲問題。我們有許多渡假者、自然崇拜者和獵人。

我之前在蘇格蘭的桑耶林禪修中心授課，那裡有一位非常友善的鄰居，來自工業城伯明翰，他週末總是去桑耶林享受一段美好的時光。偶爾他會溜達至禪堂和我們一起坐著，他會說：「嗯，你們冥想是很好的，但如果我帶著槍去林中走走，射射動物，我覺得更好。我覺得在樹林中穿梭，聆聽動物跳躍時發出的靈敏細微聲響，很有冥想的感覺，而且還可以射射牠們。我同時覺得做的事很有價值。我可以把野味帶回家，烹煮分享給家人。我覺得這樣棒透了。」

這句口訣的重點是：任何一種對治法門，或是任何一種職業治療，都是不究竟的。這裡我們還不是指追求開悟或簡單的寧靜經驗，我們只是談如何超越我們的顛倒妄想。

5 住賴耶本性。

這句口訣是說在禪坐時，你了解勝義菩提心而實際超越前七識，並且安住於第八阿賴耶識。前六識是感官認知：一、眼識，二、耳識，三、鼻識，四、舌識，五、身識，六、意識（統理前五識的基本協調者）。第七爲末那識，它把習氣加入前六識。末那識的藏文是「nyön-yi」：「nyön」是「nyönmong」（梵文爲「klesha」）的縮寫，字面的意思是「妨礙」、「染污」、「煩惱」，「yi」是「心」的意思。

把心安住於基本的阿賴耶中，是指不受前七識的影響，而是安住於單純和清明、無分別的心中。你開始覺得色、聲、香等等都是阿賴耶這個「宅識」的產品。你認證它們並回到宅識，這是產品顯現的地方。你只須要安住在這些色聲等等的虛妄性中。

這裡的意思是有某種安止處，可以稱爲原始的止。有個起點（亦即迴轉處）。你可以看著我，當你看著我時，你可以檢視自己，但你可以「更進一步」檢視，並發現已經有某種法門帶你回家了。因此重點是安住於阿賴耶、憶持你的回家法門、安住於指令和資訊的源頭。

修行的第一步是信任自己，這是整個邏輯或過程的基礎。你對自己有某種放鬆。這就是勝義菩提心。你不須爲了得到外在的某物而一直逃離自己。你可以只是回家和放鬆。重點是回到甜蜜蜜的老家。

試著善待自己。你不跟隨固定的邏輯或任何一種成見，包括妄念。安住於阿賴耶的本性是指超越前六識，甚至超越第七識，這個引生前六識的根本妄心。阿賴耶的本性超越這一切。即使在一般情況下，如果你實際追溯每件事情的源頭，也會發現某個原始的安止層面。你可以安住於那原始的本有中、那存在的層面中。

我們從阿賴耶本性發展成會妄想分別的阿賴耶識（alaya-vijnana）。我們開始分別這個和那個、做者和受者、什麼和什麼。這就是意識，或甚至可以稱爲「自我」意識，好比說誰站在我們這一邊，誰站在他們那一邊。阿賴耶本性沒有任何偏見，因此它稱爲自然美德。它是中性的。它非男非女，因此它兩邊都不是，沒有追求的問題。

阿賴耶「識」就有偏見了。它不是男就是女，因爲它包含追求的心。

本覺超越阿賴耶，但它同時又跟阿賴耶在一起。它是「前阿賴耶」，但它包含阿賴耶的狀態。阿賴耶有本善，但是本覺有更大的善。它本身就是覺醒。從這個角度來看，甚至阿賴耶本性也可說是某種意識，雖然它不屬於俗稱的意識，但卻有覺知，或甚至是一種輪迴的心。但本覺超越了它。本覺是不可摧毀的，是阿賴耶的祖先或父母。

覺知的過程（當你的感官一開始覺知所緣時）有幾個要素。你有實際覺知事物的身體器官，如眼根、耳根等等。此外，還有運用前五根來反映某些所緣的前六識。如果你再深入，就會發現其後還有意圖，亦即想知道如何和所緣建立關係的執迷或追究心。如果你又繼續深入，就會發現這一切的後面還有個基本經驗，也就是阿賴耶本性。

根據此修心法本，那基本經驗就是本善。因此，這句口訣是指安住於阿賴耶本性，而不光指覺知的結構性、機械性過程。我們可以把那個過程比喻爲電影放映機。

我們有螢幕，也就是現象界；然後我們把自己投射在現象界上；我們還有影片，也就是千變萬化的心、一直改變的畫面。因此，我們有移動的物體投射在螢幕上。那個移動的物體是放映裝置機械化產生的；放映機有抓住影片的輸片齒輪，以及確定連續放映的裝置，這跟六根的情形是完全一樣的。我們看和聽，因此當我們聽時，我們也在看。我們藉由時間把瞬息變化的事物連接在一起。整個放映裝置的後面是燈泡，它把每個影像投射到螢幕上。那個燈泡是放映的主因。所以安住於阿賴耶的本性就如安住於燈泡的本性，燈泡是在放映裝置的後方。阿賴耶跟燈泡一樣燦爛發光。燈泡並沒有隨著其餘裝置變動。螢幕上的畫面怎麼產生或影像怎麼連結，都不關它的事。

安住於阿賴耶是勝義菩提心的實修方法，是禪坐時的狀態。你在那個層面上經驗勝義菩提心。勝義菩提心純粹是了證不能視萬法為堅實的，但同時萬法又是自明的。在電影放映機的比喻中，你要做的是把燈泡拿掉（你的放映機並沒有搞什麼鬼），然後栓在正規的老式裝置上看著它就好。這就是自解脫的阿賴耶。

這可能是令人尷尬的討論主題，但這本書是針對一般行者而寫的。我們不是信奉或培養阿賴耶，而是把它當成踏腳石來用。如果你以培養阿賴耶爲目的，就會有危險。在這裡，它只是梯子的另一階。我們把阿賴耶講得很簡單，說它只是清明的心、基本清明的心。它是單純、清明和非妄念，是很基本的阿賴耶。它可能不是完全擺脫所有八識的影響，但它是阿賴耶本性。

一般而言，我們必須對這點非常清楚。在現階段，我們不是要立刻抓到佛性。這段安住於阿賴耶的教授是針對初學者。我們很多人有修行的問題，我們不知自己是否在禪坐。對於這點，我們有些掙扎。因此，我們試著把基本前提弄好。這是放慢的過程。我們第一次學習放慢速度。

6 下座修幻兒。

「修幻兒」的意思是在下座後，要覺知「三界唯心，萬法唯識」。如果你能通達此道理，並注入基本覺照，就會發現正在進行的遊戲稱不上龐大，而只是虛幻的。如此了證需要長期的止觀雙運。其實我們這裡談的是動中禪，或是下座後的修行。

虛幻不是指朦朧、混亂或幻影。「修幻兒」的意思是你把禪坐時（「住賴耶本性」）的經驗延續到下座後的修持。我們繼續放映機的比喻：下座時，你把燈泡拿出來。這時你可能沒有螢幕或影片，但是你把燈泡裝到手電筒隨身攜帶著。

你明白坐禪後，不須把萬法堅實化。反之，你可以繼續修行，並持續某種覺照。如果萬法變得沉重堅實，你就用止觀的手電筒向它們一照。如此一來，你就會發現一切都是柔軟調順的。你的心態是世間並不邪惡，「萬法」不會攻擊你、毀滅你或殺了你。一切都是調順平和的。

這就像游泳，你在自己的世間裡向前游。你不能只是浮在水面上漂，你必須游泳；你必須用你的四肢去游。你使用四肢的過程就是止觀的基本撥水動作。它是止觀「一閃」的特質，你向萬法一照。因此，你下座後一直游泳。禪坐時，你只是坐著並安住於阿賴耶的本性，非常簡單。那就是修持勝義菩提心的方式。它很基本也很普通。你可以實際去做。我要講的就是這個。

這不是抽象的，你只是看著萬法，看著它們軟墊牆般的特質，如果你喜歡的話。這就是幻觀，到處都是軟墊牆。當你正在喝茶或不管做什麼時，你以爲自己就要撞上非常尖銳的物品，而你發現它卻彈回你身上。對比並不那麼鮮明——一切都是你止觀的一部分。一切都會彈回來，如同電視上小型桌球賽的乒乓球。當球彈回來時，你可能因爲沒有修幻兒而再度把它打出去，但是它又彈回來，還嗶嗶叫了一下，因此你成爲幻兒。這是「第一念是最好念」的概念。當你觀看萬法時，你的第一念是發現它們很柔軟，並且一直向你彈回來。第一念不是特別要作意的。

這句口訣旨在學習如何就止和觀來培養勝義菩提心。我們下座後必須學習、實際體驗萬法仍是柔軟調順的、仍有空間的、有很多空間的。「修幻兒」的基本概念是我們沒有幽閉恐懼感。禪坐後，你可能會這麼想：「噢！老天，現在我必須開始下座後的練習。」但你不須因爲下了座就覺得自己被困住了。反之，你可以覺得自己是幻兒，一直隨處起舞，並且附和著那些小嗶嗶聲。這是清新、簡單和非常有效率的。重點是對自己好一點。如果你想渡個假不修行，你就去渡假而依然當個幻兒。萬法就是隨時一直向你嗶嗶叫。這是非常透明的，幾乎是奇幻的。

「修幻兒」非常簡單，你願意了證如戲之萬法的單純，並把這單純當成止觀雙運的一部分來用。「幻兒」是非常有力的詞，思惟它。試著當幻兒。你有很多機會的。

世俗菩提心口訣

7 施受交換修。彼二乘呼吸。

施與受是非常重要的菩薩道修法，西藏音爲「tonglen」，「tong」的意思是「送出」或「放下」，「len」是「接到」或「接受」。「Tonglen」是很重要的名相，你應該記住。它是開展世俗菩提心的主要修法。

口訣這麼說：「彼二乘呼吸。」我們一直以呼吸爲修行的技巧，因爲每個人都要呼吸，這再自然不過了。因此這裡我們也用呼吸，方法跟修止的完全一樣。

施受法相當直接，它就是實地禪坐。你把你的快樂、喜悅、任何好的感受跟著呼氣一起送出去。當你吸氣時，你吸入所有怨恨和問題、任何壞的感受。重點是把我執整個移除。

施受法非常簡單。我們首先不須區分自己對善惡的定義原則。我們只要把自己認爲好的呼出去，把自己認爲不好的吸進來。起先，我們認爲的好和壞主要是「概念」上的。但我們繼續練習，它就會變得更眞實。一方面，你不能期望已經跟你交戰五年的祖母寫一封友善的信給你。她大概不會在你修了三天的施受法後就給你寫一封慈愛的信。另一方面，施與受一定會有好果報，這是相當自然的。我認爲這是因爲你平常的進退和心態有了轉變。

有時候，吸入可能殺死我們的毒，同時又呼出自己僅有的、不管是什麼樣的小善，會讓我們感到恐懼。這似乎一點都不實際。然而，我們一旦開始突破，就會明白自己有更多的善可以呼出去，也可以吸入更多的惡。因此，整個過程就稍微平衡了。總是會平衡的，但需要長久的修持。施與受是互依互存的。我們以開放和慈悲的心接受越多的負面，另一方面就有越多的善呼出去。因此沒什麼好失去的。那全是一個過程。

在修施受法時，我們發願承擔其他有情眾生的痛苦。我們是眞的這麼發願，我們確實願意承擔他人的痛苦。如此一來，施受法對於行者自身和他人都可能有眞正的功效。有一則關於噶當派大師的故事，大師修施受法而確實承擔他人的痛苦，當有人在這位大師的家門外用石頭打一隻狗時，大師本人瘀傷了。同樣的事情也可能發生在我們身上。但我們不應把施受法當成任何一種解藥來用。你不是修了施受法，然後等待功效產生，你只是修了就放下。有沒有效果無所謂，如果有，你就把它呼出去；如果沒有，你就把它吸進來。因此你不佔有任何東西。這就是重點。

通常你想執有自己的善。你想在自己周圍建造籬笆，把每個壞事物都擋在外面，包括陌生人、鄰居等等。你不要他們進來。你甚至不想讓鄰居在你的地盤上溜狗，因爲他們會把你的草坪弄得一團糟。因此在苦海人生中，你完全不施也不受。你爲自己創造快樂的小情境，並盡可能守衛著這情境。你試著把它們放入眞空罐，如同罐頭裡完全處理乾淨的水果。你儘可能地執有，任何在你領土外的東西全是有問題的。你不想得到當地的流行性感冒，或是染上正在盛行的腹瀉病毒。你一直盡你所能避開壞事。你的錢要蓋一座城堡或四面牆可能不夠，但你的前門非常可靠。你總是上兩道鎖。甚至當你住進旅館時，館方總是告訴你房門要上兩道鎖，並且不讓任何人進入，除非你先查明來訪者是誰。你可以在房門上貼著的「館方規定」讀到這一項。它大概會把所有該注意的事情都告訴你。我們不是瘋了嗎？

基本上，大乘試著告訴我們保衛自己並非必要。我們有辦法就稍微向外伸展、大大地向外伸展。修施受法幾乎就像是彩排，它是去除貪愛的修法，是克服我執的方法。克服我執在於隨著呼氣出去，亦即給予和送出，以及盡可能地把他人的痛苦隨著吸氣帶進來。你想成爲別人痛苦的承受者。你想全然徹底地經驗它。

你修持非常實在的施受法，以他人作練習對象爲首。平常你要如何修呢？你難道就跑向某個路人，跟他說：「嘿，這個糖果拿去，給我你口袋裡的面紙」這樣子嗎？當然，如果你願意的話，你是可以那麼做的，而且如果你有足夠的變通能力，你大概不會想冒犯任何人。但這是很粗俗的施與受。我們正在練習的施受法是不同的。我們練習以他人爲首，是以呼吸爲放下和接受的媒介。施受法的第一階段是在精神上、心理上、慢慢地、慢慢地練習施與受。到最後，我們就可以實際地「施」和「受」。經上說，甚至把一隻手中的水果給另一隻手，也是在修施受法。

修施受法顯然會有許多障礙，特別因爲我們身處現代工業社會。但你可以一步步地修，這確實會讓你長大，變爲成人。重點是培養自他交換的心，你可以成爲運動明星施密特（Joe Schmidt），而不是成爲電視劇中雖知道一切，卻不知自己身世的約翰・朵（John Doe）。你可能非常驕傲且高深莫測，但儘管如此，你可以開始修施受法。剛開始，你顯然是心理上的施與受居多。如果每個人都開始互送物品，就會有極大的爭執。但如果你培養的是分送他人自己珍貴物品的意願，那就能幫助你創造好因緣。

如何實地修施受法？首先我們觀想自己的父母、朋友，或任何爲了我們的利益而犧牲自己生命的人。在多數情況下，我們甚至不曾跟他們道謝。這麼觀想很重要，這不是爲了產生罪惡感，而只是爲了瞭解自己一直是多麼沒品。我們總是說：「我要」，然後他們就爲我們做很多事，毫無怨言。

我確信你們有很多故事，可以訴說幫你那麼多的父母和朋友是如何遭受你惡劣的對待。他們爲你付出所有生命，你卻連一聲謝謝都懶得說，一封信都懶得提筆。你應該觀想非常關心你的人，他們甚至不求讓人知道。很多人是這樣的。有時後，某人突然出現且全力幫助你。他們爲你做任何事，他們爲你服務，他們犧牲自己，然後轉頭就走，連個地址也不留，電話也不打。你從小到大都一直有人在爲你做事。你應該觀想那些情形，並把他們融入你的施受法中。呼氣時，你把自己最好的品質給他們，以便回報他們的慈愛。爲了提升世界的良善，你把你最好的送出去，並且吸入他人的問題、痛苦、煩惱。你代他們承受痛苦。

世俗菩提心的修法基本上是如此。這是非常行動導向的修法。我們盡自己所能給予，我們盡自己所能擴展。我們有很多本錢可以擴展，因爲我們有本善，它是挖不盡的寶藏。因此，我們完全沒有什麼好失去的，並且還可以承受更多。我們隨時都可以是他人痛苦的吸震器。這是非常感人的法門，我不是專指大家同舟共濟，而是說我們越把自己最好的品質送出去，就越能承受他人最壞的品質。這不是很棒嗎？

施受法是解決生態和污染問題的最好方法之一。施受法因爲含納一切，是解決污染問題的根本方法、唯一方法。它很可能會有淨化大城市，甚至全世界污染的物理效果。那個效力是相當強大的。

施受法不是個人勇氣的證明。不是因爲修施受法，就表示我們是最好的人。施與受是自然的交換過程，再單純不過了。我們可能很難承受污染、壞品質，但我們應該全心全意、全然接受它。我們應該開始覺得整個肺部充滿壞空氣，覺得我們確實把外在的世界清乾淨，並且把壞空氣都吸進來了。然後某個轉變發生，呼氣時，我們發現自己還是一直呼出好氣息這個大寶藏。

我們首先觀想自己的母親或父母，觀想我們眞的很愛、很關心的某人，就如自己的母親，她哺育我們、照顧我們、關注我們，並且把我們養到這麼大。她把這樣的慈愛散發給我們，因此我們先觀想她。以自己的母親爲例不見得是唯一的方法。重點是觀想如母的人，他對我們慈愛、溫柔、有耐心。我們一定碰過溫柔的人，從小到大他都一直對我們很好，並且和我們分享他的良善。如果沒有這樣的人就有點麻煩了，我們開始憤世嫉俗，但這也有對治法：吸入我們的憤世嫉俗。如果我們沒有好父母、好母親或對我們如此仁慈的好人做爲觀想對象，就可以觀想自己。

你開始修施受法時，要思惟自己可以送出的善、你可以施予他人的品質。你有很多好品質可以呼給他人。你有很多善良、健全、健康的品質。這一切都直接來自明覺的心性，它生龍活虎、強壯有力。因此，你給予的不再只是想像，或是憑空捏造的東西；你確實有好品質可以給某人。接下來，你吸入痛苦和負面品質。你可以把他人正在經歷的痛苦帶入自身，因爲你有跟痛苦相反的明覺本性，它必能吸納任何迎面而來的東西。你可以吸收更多的苦，因爲你有更多可以給予。

溫馨是施受法的基本原則。施受法也稱爲慈心觀，梵文是「maitri bhavana」。「Maitri」的意思是「友善」、「溫馨」或「同情」，「bhavana」是「觀修」或「練習」。在修施受法或慈心觀時，我們呼出任何溫柔和慈愛的品質，我們對任何事都感到很好，甚至對品嚐巧克力蛋糕、飲用冷水或在火邊取暖都感到很好。不管我們有什麼樣的善，不管我們對什麼感到很好，我們都呼給他人。我們一定有感覺不錯的時候，不管它是持續一分鐘或一秒鐘等等。然後我們吸入相反的情形，只要是壞的、恐怖的、粗俗的、討厭的都可以。我們試著把它吸入自身。

我想直接了當地說：你們要相當嚴肅地看待施受法，這點很重要。我懷疑你們會逃避。重點是要實地去修，正確徹底地修。此外，你們要高興自己有因緣，可以修持大多人不曾修過的法門，這點很重要。大部分人的問題出在總是要把壞的送出去，把好的拿進來。那一直是社會普遍的問題和整個世界的問題。但目前我們在大乘上，邏輯是相反的。那實在太棒了，太特別了！我們確實可以說是「獨家報導」了佛心的內幕消息，而且是最好的第一手資料。請想想看。施受法將對你極有幫助，因此請認眞看待。

修施受法不純粹是在修心。你所做的可能是眞的！當你修施受法時，你必須一步一腳印，當你呼氣時，你眞的把好的呼出去；當你吸氣時，你眞的把壞的吸入。我們不能做表面功夫。

從當下開始。就是當下。「當下」。你應該覺得整個都是放鬆的。沒有什麼是眞的緊依或牢扣在你身上的；一切都是可以放下的。當你放下時，它就整個不見了。當事情回來時，從外人的角度來看，它們也不是緊扣著你的。它們向你而來，你向它們而去。這其實是非常令人興奮的經驗。你有廣闊無比的空間感。

當你放下時，就像把風箏的線剪斷。但即使斷了線，風箏還是會回來的，如同降落傘下降在你身上。你有流動感，萬物開始美妙地流轉。事情不是用影射的手法或在暗流中處理的。你不覺得有人在幕後耍政治。萬物皆完全自由地流動。這太美妙了，而且你做得到。我們所謂的眞誠就是這個意思。你可以光明正大地擅長佈施和承受。這很有趣。

修施受法時，我們以有內容的正念呼吸取代無內容的正念呼吸。內容就是以人的苦和樂爲參考點的情緒妄念。因此，你應該爲了他人而確實努力修持。你應該幫助他人。如果有人在你面前流血，你不能光拿著繃帶站在那裡，你應該看在良善的份上，跑過去幫他上繃帶！你就是這麼做。然後你回來坐好，看看誰還需要繃帶。就那麼簡單。這是急救方法。

人需要幫助。因此我們必須更加覺醒一點。我們必須小心，才不會把施受法當成另一個白日夢或概念而已。我們必須讓施受法非常平實。就是呼氣和吸氣。它是非常實在、直接的。妄念不會取代正念，除非你被惡魔或凱薩大帝的鬼魂等等附身了。就是讓施受法非常直接、實在和有板有眼的。你呼出「那個」，吸入「這個」——「那個，這個，那個，這個」。你呼出好，吸入壞。這是非常簡單和實際的。

你不是修了施受法，就等待功效產生。你只要修了就放下。你並不尋求結果。不管它有沒有效果，你只要修了就放下，修了就放下。如果沒有效果，你就承受；如果有，你就佈施。因此你不佔有任何東西。整個就是這樣。有任何事情順利時，你就把它送出去；有任何事情不順時，你就承受它。

施受法不是非常細微的觀想法門。它不是哲學，也不是心理學。它是不需花什麼腦筋的方法。它非常根本，事實上，它是所有佛教法門中最根本的。想想佛教和歷代大師所開展的深妙智慧、建立的哲思和施設的法門，你會很驚奇他們竟然想出這個施受法，而且我們就在修這麼簡單和根本的法門。我們修持，而且還產生功效。好幾世紀以來，修施受法都沒有問題，這段期間也成就了許多菩薩，包括佛陀本身。

照著方法修就對了，不要管它是不是妄念。當你出去時，你就在外面；當你進來時，你就在裡面。當你感到熱時，就感覺熱；當你感到冷時，就感覺冷。就是切入當下的情況，並且心無雜亂地處在當下。讓它非常實在和簡單。我們不要把施受法變成革命性的、想像的、以心爲導向的社工方法或心理方法。讓我們正確地觀修。

首先我們必須誠實。這點非常重要。我們必須老實修施受法。世世代代的人都修過施受法，並且證明它是眞實不虛的。因此我們可以老實地修。我們不須進一步研究。反之，我們可以相當忠實於法門的本來面目，並且就是修它一陣子。然後，我們可能會發現它的影響，於是就從那裡再繼續修持。突然，我們會發現自己可以證悟。

施受法其實就像野地訓練，如同士兵學習如何刺穿沙袋；他們把沙袋當成敵人，一邊用刺刀刺進去，一邊大喊：「唬！」（仁波切用扇子做了劈砍的動作）。許多士兵會經歷一段在自然中生活的苦日子，因爲他們來自都市，都市人不知如何應付大雪或夏天的酷熱；他們不知如何涉水過河、弄乾衣服、處理塵垢或清理乾淨，因此他們必須在野地受訓。同理，菩薩道的勇士也歷經同樣的野地訓練。

如果我們因爲眞誠而開始受傷，那是很好的。那時我們就能自他交換。我們開始想邀請他人，因爲我們在修這麼眞誠的法門。我們不只是想佈施快樂和承受痛苦。不只如此。我們還要把自己的眞誠佈施他人，並且把他們的虛僞迎入自身。那遠大於苦樂的交換而已。那是最偉大的自他交換方式，而且世界十萬火急地需要它。苦樂交換是非常簡單和容易的。比如說對街的某人想洗個熱水澡，但是當他跳入水中時，水是冷的。因此你可以說：「過來我的熱池一起洗吧。你跳進我的熱池，我就跳進你的冷池。」這樣是可以的，沒有問題的，但是跳入彼此的虛僞裡更有趣。那是我們要做的。

我們必須和某人分享眞誠，但又必須放掉它。我們不應執著眞誠是唯一的傳家寶。我們必須把眞誠佈施給某人。我們不會特別因爲如此就失去了它；反之，我們把他人的欺瞞帶入自身，讓它在我們的眞誠中消融。因此，自他交換不只是我們原本想的那樣。它不只是從熱池跳入冷池而已。

此外，你開始培養歡喜心。你確實在做非常有用、實際可行且根本上很美妙的事。就世俗諦而言，你不只在教自己如何無私，你也在教導世界如何克服虛僞，可以說虛僞最近越變越厚，因爲世界越來越複雜；換言之，越來越進入黑暗時代。

施受法是修止的延伸。修止時，我們不是定住於任何所緣，而是觀照動作，使心變得調柔。我們不只是把心維持完全不動、完全安止，還要隨觀呼吸和覺照潛意識的念頭，以便利用心的變化。修菩提心的方式跟修止完全一樣，只是這裡我們更注重菩提心的修持，因爲我們不只是觀照潛意識或妄念，還更深入地觀看念頭的「內容」，它不是瞋，就是貪或癡。因此，我們稍微超越修止的技巧，以便涵蓋念頭的內容。

長久以來我們總是想讓他人受苦，並且爲自己培養快樂。這一直是我們的問題。在這裡，我們反轉整個邏輯，看看會發生什麼事。我們不讓他人受苦，而是自己承受痛苦；我們不是吸取他人的快樂，而是把自己的快樂施予他們。我們一直在造業而輪迴不已，因此我們試著把痛苦輪迴的邏輯反轉一下，看看會發生什麼事，結果通常是你變溫柔了。你不是變得像惡魔一般，而是變得調順。你看，你一直都那麼不理性，以至於現在爲了讓自己理性，你必須稍微多用一點力。如此一來，你就會明白如何成爲堂堂正正的人。這就叫做世俗菩提心。這時，重點是要經驗和了解自己的不理性。

就金剛乘而言，施受法也很重要。因此，金剛乘行者也應該留意這項法門。他們應該非常小心地修持。沒有施受法，你完全無法修持金剛乘的生起次第和圓滿次第。你會成爲冷漠無情的聖尊②，你只是混凝紙漿做的聖尊。有一則故事的主角是兩位金剛乘上師，他們正在討論各自弟子的狀況。其中一位說：「我的弟子可以施展神通，但不知怎麼搞的，此後他們似乎就變得冷漠無情。他們變成凡夫了。」另一位說：

「這也夠奇怪了，我的金剛弟子不會神通，但他們一直很健康。」兩位上師一直討論這個問題，然後某人說：「嗯，讓他們全部都修施受法如何？」兩位上師大笑說：「哈！就是要這樣啦！」由此可見，有實際的修持為基本核心，對我們是很重要的，才不會在修密法時，只是外表裝扮得像聖尊一樣，帶著面具、穿著聖服。

即使修小乘教法，我們也可能只是穿著僧袍、剃著光頭等等而已。沒有施受法，小乘和金剛乘都變得像是獅子的屍體。（因為獅子是萬獸之王，所以當牠死去時，據說其他動物不會攻擊牠的屍體，而是留給蛆由內而外地吃掉。）誠如佛陀所說，他的教法不會被外人摧毀，而是由不修正法的內部人士所滅。這時，佛陀所指的必定是菩薩道。把小乘和金剛乘連在一起的，是大乘的傳統和修法。請好好想一想。

②在金剛乘的修法中，行者把自己觀想成各個聖尊而和不同型態的覺醒能量認證為一體。這些觀像從虛空生起，也融解回歸虛空。

8 境毒善各三。

這句口訣跟下座後的經驗有關，出現在正行之後。修施受法的正行時，我們跟貪、瞋、癡有密切的關聯，但是下座後就比較輕鬆一點。

三所緣境是友、敵、非友非敵。三毒是貪、瞋、癡。三善根是無貪、無瞋、無癡。

依此口訣修持，就是承受他人的貪、瞋、癡，他們才可能解脫和清淨。貪是想吸引或擁有；瞋是想拒絕、攻擊、驅逐；癡是你不能被打擾，你沒有興趣，它是一種反智慧的能量。我們承受敵人的瞋，朋友的貪和非敵非友的癡。

回想敵人會引發瞋恨。不管敵人對我們如何瞋恨，都要讓那瞋恨轉成我們的，好讓敵人從任何一種瞋心獲得解脫。不管我們的朋友產生什麼貪愛，讓我們把那煩惱轉成我們的，好讓他們從貪愛獲得解脫。不管非友非敵或無明、迷惑、不在乎的人對我們如何漠不關心，讓我們把那不理不睬轉成我們的，讓他們從愚癡獲得解脫。

平常有任何一毒生起時，你都應該修施受法。你只是觀看你的貪、瞋、癡，不拒不迎。因此當你瞋恨時，你要說：「願此瞋恨成爲我的修行基地。願我學會承受自己的瞋恨，願一切有情眾生因此而無瞋。」或是說：「願此貪愛變成我的。因爲我承受貪，所以願他人無此貪。」對於癡，你也要這麼做。

當你開始承受三毒，讓它們轉成你的，也就是當你完全擁有它們、完全控制它們時，很有趣的，你會發現邏輯逆轉了，這就是修施受法的目的。如果你沒有瞋的所緣，你就不會生起瞋。如果你沒有貪的所緣，你就不會生起貪。同理，如果沒有癡的所緣，你也不會生起癡。

當你承受自己的三毒時，就能放下三毒的所緣。你看，情況通常是你有三毒的所緣。比如說當你有瞋的所緣時，你對它感到憤怒，對不對？但如果你的憤怒不是「針對」某個所緣，這個所緣就與憤怒分開了。我們不可能有憤怒的所緣，因爲憤怒是屬於你的，而不是屬於所緣的。你對所緣慈悲，它就不會激怒你，那麼你在生誰的氣呢？你發現自己只是在外面閒晃，找不到發洩的對象。因此，你以處理他人的三毒，而非處理自己的三毒這種方式來斷除三毒的根。有趣的轉折就因此而發生了。

9 諸行修口訣。

這句口訣非常有趣和重要，跟下座後的練習有關。我們修行時從頭到尾都在使用這項技巧。我們看到哪裡有牆壁，就把口訣貼上去以提醒自己；在道場中尤其要這麼做。重點是要抓住第一念。這並非完全不花腦筋的事。意思是在抓住第一念時，第一念應有某些文字。

在這裡，每當你感到「我」、「我是」時，你應該想到這兩句話：一、願我承受所有罪惡；願我的福德都給他人。二、利益和成就給他人；損失和挫折給自己[3]。你不須說出或想出這些字，但它是一個念頭的生起過程；每當你心裡不快時，就把這感覺據爲己有；每當你充滿願景或心情昂揚時，就把這感覺施予他人。因此有種黑白的對比：黑與白，厭惡和放鬆，感到醜和感到美。（仁波切上下翻轉他的手掌。）我這樣翻翻手是很簡單的。有「我」時，你承受它；有「是」時，你送出它。但其實這是相當費力的，因爲這是個巨大的工作。這就是爲何它稱爲大乘，它是件大事。當你在這條大馬路上開車時，你不能在方向盤上睡著。這是相當費力的，不是玩笑！受到這麼嚴格的訓練，你不可能出錯。這是前所未見且最好的嚴格訓練，不是玩笑。

10 施受始於己。

我們經常把這句口訣表達成：「第一念是最好念。」我們通常感覺「這個」先發生，它是在其他或「那個」之前發生的。因此，每當有任何事情發生時，首要之務就

③這幾句話的完整翻譯如下：

1. 願他們的惡業在我心中成熟。
   願我所有的善業毫無例外地在他們心中成熟。
2. 我把我所有的利益和成就都獻給可敬的有情眾生；我將接受所有的損失和挫折。
3. 願有情眾生的一切惡業和痛苦都在我心中成熟；願我所有的善業和快樂都在眾生心中成熟。

是讓自己承受痛苦。之後，你把任何剩下的、任何愉快的佈施出去。我們所謂的愉快不見得是格外美好的感覺，而是把任何痛苦以外的感覺佈施出去。因此，你不執著任何可以自娛或善待自己的方式。

這句口訣跟摒除貪愛有關，因爲貪愛使你求取自身的快樂。因此，這句口訣也非常鮮明地緊扣著持戒波羅密。我們不是在談受虐狂，或是自殺滅己。但是你開始了證任何要或不要的強求，都一直是帶著佔據不讓的貪愛。因此，這裡的方法就是完全開放自己的領土、放下一切。如果你突然發現有一百位嬉皮要在你家客廳紮營，就讓他們紮吧！但到時後他們也必須修行。

施受法基本上其實是非常喜悅的。人類可以修這麼棒的自他交換法，並且願意把這麼令人不快的情況迎入自己的世界，眞是美妙。連對秘密和隱私這麼微小的顧慮，人類也願意放下，所以他們對任何事物的執著都完全消失了，眞是美妙。那是很勇敢的。從菩薩的角度來看，我們必定可以說這是勇士的世界。

【第三要】

轉惡緣爲菩提道

第三要和忍辱波羅密

我們已經學習了勝義和世俗菩提心的修法，以及跟兩者有關的下座後體驗，現在第三組口訣是關於如何把那些修法當作菩提道來實踐。這組口訣在藏文中稱爲「lamkhyer」：「lam」的意思是「道」，「khyer」是「攜帶」。換言之，不管生命中發生什麼事，你都要納爲修行道的一部分。基本上是這樣。

這組口訣跟忍辱波羅密有關。忍辱的定義是安忍。不管發生什麼，你都不起反應。忍辱的障礙是瞋心。忍辱的意思不是等待時機或放慢速度。當你變得太敏感，並且毫無方法應付你的環境、你的氛圍時，心就生起了不耐。你變得非常敏感易怒。因此，我們經常把忍辱波羅密形容爲一套盔甲。忍辱有尊嚴和安忍的意味。你不容易被世界的瞋恨所動。

11 罪滿世間時，惡緣變覺道。

繼續把一切帶入菩提道的概念。第三要的基本口訣是：

罪滿世間時，

惡緣變覺道。

也就是說，不管生活中發生什麼事，如環境問題、政治問題或心理問題，都應把它們轉變為覺醒或菩提的一部分。你有這種覺醒，是因為你止觀雙運和對柔軟處（菩提心）有基本的了解。

換言之，你不責怪環境或世界的政局。某些人靈感湧現而作詩，並且為了某個社會目的而犧牲自己的性命。我們確實可以說越戰造就了許多詩人和哲學家，但是他們的作品不能和這個大乘修法相提並論。他們純粹在對充滿罪惡的世間起反應；他們無法把惡緣轉變爲菩提道。這樣的詩人甚至可能把罪惡當成作詩的題材。如果越戰不曾發生，這種詩人和哲學家就會減少。依此口訣，當世間充滿罪惡時，或甚至當世間「沒有」充滿罪惡時，任何可能發生的惡緣都應該全部轉爲菩提道或覺道。你因爲坐禪和平日的覺照而有這樣的了解。

這句口訣幾乎也把佈施的修法都說了。在日常生活中，我們的週遭環境，或即使換了個地方，也不見得宜人合適。總是會有問題和困難的。甚至是宣稱自己人生非常成功、成爲總統、最有錢的百萬富翁、最有名的詩人、影星、衝浪家或鬥牛士，也都有困難。即使我們人生順遂，但是和我們的期望一比，還是不盡如意。障礙一直生起。這是每個人的經驗。當障礙發生時，任何跟障礙有關的惡緣，如貧窮心態、計較得失，或任何一種競爭，都應轉變爲菩提道。

這是非常強而直接的信息，讓你不會總是爲貧所苦。你可能會因爲父親生病、母親發瘋，而且又必須照顧他們，或是因爲你有扭曲不全的生命和金錢問題而感到疲於奔命。因此，即使你有成功的人生且萬事順遂，你還是會覺得不圓滿，因為你必須一直工作以維持自己的事業。你可以把上述許多情況當成是你膽怯和懦弱的表現。它們全都可以是你貧窮心態的表現。

體驗了勝義和世俗菩提心的可能性，並且修了施受法，你也應該開始對自己的富裕感建立信心和喜悅。富裕感就是佈施的本質。那是資源豐富的感覺，亦即你可以應用周圍的任何事物，而不會覺得貧乏。即使你被拋棄在沙漠中央，想要一個枕頭，你也找得到一塊佈滿青苔的岩石，可以相當舒服地枕於其上，然後你就可以躺下睡個好覺。擁有這種資源富足的豐饒感是重點。練習感到富足，或是練習佈施，是成為大乘行者，甚至金剛乘行者的方法。

我們發現很多人抱怨自己陷入繁雜的家務事中，他們在意的只不過是幾毛錢、小縫線、小水滴、幾粒米這些生活中的小事。但我們不須那樣，我們可以佈施來擴展視野。我們可以給予他人。我們不必總是先得到某物，才把什麼給出去。生起佈施心之後，我們就會自動感到富有。佈施的本性是脫離貪愛、脫離執著、能夠放下一切。

這是修心第三要的基本口訣。在這組口訣中，我們有三個更進一步的修法。接下來兩句口訣跟世俗菩提心的修法有關：如何把生命中發生的事帶到世俗菩提心道上。再下來的口訣（觀妄為四身，是無上空護）跟勝義菩提心的修法有關：你如何把它當成菩提道來實踐。這組的最後一句口訣（口訣十五）跟方便行有關，它能讓你把修行時發生的任何現象帶到菩提道上。

12 衆咎皆歸一。

這句口訣是在探討世俗諦。不管平日出現什麼經驗，不管參與什麼樣的旅程，不管是多麼有趣和有力的情況，我們都不期望自己的善行有任何回報。當我們對某人親切時，並不期望因此而得到任何獎賞。「眾咎皆歸一」的意思是修行、證悟和理解上所面臨的所有問題與艱難，都不是他人的錯。一切錯誤總是始於我們自己。

許多人因爲慈悲和開放（即使是表面的慈悲和開放）而能在人世間左右逢緣，也確實安然度過一生。他們似乎過得很好。然而，雖然我們也處在同樣的世界，我們卻一直挨揍。我們受到責罵且麻煩一堆，如情緒問題、財務問題、家庭、人際關係和社會問題，這些隨時都在發生。是什麼在要我們？有句通俗的話這麼說：「不要把你的過失推到我身上。」有趣的是，過失的確被推到我們身上，但不是他人推的。我們決定自己擔下他人的過失，但之後又心生怨恨、忿忿不平。

我們的生活方式可能和某人完全一樣。例如我們可能和大學同學共租一室，吃同樣有問題的食物，住同一棟爛房子，有同樣的課表和同樣的老師。我們的室友把一切都安排得很好，並且找到自得其樂的方法。另一方面，我們隨時都在執著妄想那些不如意的事而滿腔怨恨。我們想革命，想吹翻整個世界。然而是誰讓我們過得這麼不如意呢？我們可以說是學校老師，說每個人都恨我們，所以不讓我們稱心如意。但他們「爲什麼」恨我們？這點很有趣。

責怪我們碰到的每個惡緣，總是會自然變成責怪我們自己。這是我們自作自受。這不純粹是大乘的柔軟思想。你可能會說我們今晚討論的純粹是大乘；一旦我們進入密續，我們就可以報復那些人。但是那樣沒有用。我會請你不要嘗試。一切都是基於自己的我執。我們可以責怪組織，我們可以責怪政府，我們可以責怪警方，我們可以責怪天氣，我們可以責怪食物，我們可以責怪公路，我們可以責怪自己的汽車、自己的衣服，我們可以責怪的事五花八門、數也數不盡。但是不放下、不培養足夠的溫馨和同情的，是我們自己；這讓我們變成問題人士。因此，我們不能怪罪任何人。

當然，我們可以建構各種哲理，並且以爲自己在爲世界其餘眾生代言，說這就是世界的意見、那就是世界的現象。「你搞不懂嗎？你不應該讓我如此受苦耶！世界是這樣，眞實的世界是那樣。」但我們「不是」在爲世界代言，而只是爲自己發言。

每次我們抱怨任何事情的時候，連抱怨咖啡涼了或浴室髒了，都可以應用這句口訣。它應用的範圍很廣。一切都是因爲自己的我執。我執同時也讓我們非常脆弱。因此，我們成爲理想靶心。我們中了槍，但沒有人故意要射我們，其實是我們自己招來子彈的。所以就這樣，我們活在舊時美好的世界。「眾咎皆歸一」是非常好的想法。

決定把眾咎歸爲一，是因爲如果不如此，你就進不了菩薩道。因此，你完全不想把任何情緒上的、瞋心的責備推到任何人身上。「眾咎皆歸一」始於這個心態。以此爲基礎，你再次以觀照的方式把眾咎歸爲一。你會實際體驗到如果不這麼做的話，必然會有不同的後果。比如你可以把眾咎都歸罪於運動明星施密特，但你卻把眾咎歸於自己。在這裡，你確實開始看到如果你把自己的煩惱歸咎他人，瞋心和煩惱就可能擴張。因此，接受責怪的反而是你自己。這是基本重點。

這整個心態可分爲悲心對人（karuna）和慈心對己（maitri）這兩大類。換言之，悲和慈就是「眾咎皆歸一」。因此，這句口訣跟菩薩道的基本修法有關，亦即諸惡莫作。菩薩律儀的四十六輕戒（見附錄）可以結合「眾咎皆歸一」一起修。兩者有非常基本的關聯性。

這句口訣是菩薩道的本質。即使有人犯了嚴重的大錯且怪罪於你，你也應該接受，因爲這是控制場面簡單有力的方式。此外，這也可以直接地把複雜的煩惱簡化爲一。同理，如果你想在周圍尋找志工接受責備，除了你自己之外，也找不到別人。你接受那個責備，就能減少周圍的煩惱。你也減低他人心中存有的任何妄想，因而讓他們看得更清楚。

其實你可以說：「我接受責備。某某事發生，導致種種後果是我的錯。」就這麼簡單平常。如果對方不是一心想爲自己辯護，你確實可以和他溝通，因爲你已經接受所有的責備了。如果你已經接受責備，要和對方說話就好多且容易多了。然後你就可以說明狀況，對方或許是這個問題的罪魁禍首，他很可能會發現自己犯了大錯。他可能會認錯。但那時責備只是紙老虎而已，因爲已被你所承受了。那樣是有幫助的。

這種方式變得非常有力且重要。我實際用了數千次。我親自接受了許多責備。某人可能會誤解我的建議而犯錯。但是沒關係，我把它當成自己的問題而全然接受。如此一來，我就有機會和此人共事，他就會開始往前邁進，完成任務，一切就沒問題了。

這是給官僚作風人士的秘訣。如果每個人都可以自己接受責備，讓朋友免受責難繼續工作，就會讓整個組織運作更好，更發揮功能。當你說：「放你的狗屁！我沒有做這種事。做的人不是我，而是你。不要怪我。」整件事就會變得非常複雜。你開始發現這顆混球小聲地在官僚組織裡撲通撲通四處彈跳，如同足球彈來彈去。如果你打得太用力，要消除或解決那個障礙物、撲通聲、子彈，就會困難無比。因此，你越早接受責備越好。雖然事實上，這根本不是你的錯，但你還是應該接受，好像那就是責怪你一般。

這是有趣的：願菩提心和行菩提心就在此地會合。這是和他人的相處之道。如果你不讓些許責備和不公平來到你這邊，那就什麼事都做不成了。如果你不確實吸納一切責備，還說那不是你的錯，因爲你太棒了，做得太好了，那麼什麼事都做不成了。這是實情，因爲每個人都在尋找替死鬼，而你就是他們理想的替死鬼；並不是因爲你做了什麼事，而是因爲他們可能認爲你的心中有一塊柔軟處。他們想說如果把他們的果醬、蜂蜜或膠水塗在你身上，你眞的可能會認輸說：「好啦，怪我就是了。」

一旦你開始接受責備，它就是最高最強而有力的邏輯，是你所能施展的最強有力的符咒。你確實可以讓整件事情發揮功能。你可以吸收毒素，然後其餘部分就會變成藥。如果沒有人願意吸收責備，它就會變成一顆黏來黏去的大足球。它甚至不像好足球那般結實，反而裡面滿是膠水，外面也裹著黏液。每個人都在互相傳球，什麼也沒發生。最後，足球開始越變越大、越大、越大、越大，然後造成革命等等。

就國際政治而言，有人總是要把錯誤歸咎別人，把那龐大、過度充氣、黏答答、髒兮兮、臭烘烘、各種蠕蟲傾巢而出的巨型足球傳給他人。人們說：「那不是我的，是你的。」共產黨說這是資本主義的錯，資本主義說那是共產黨的錯。把球丟來丟去是完全幫不了任何人的。因此，即使是從政治理論的觀點來看（如果大乘或佛教有政治這種事情的話），重點也是要個人吸收不合情理的責備，並且轉化它。這點非常重要和必要。

這種方式不完全是西方和神造萬物論的，也不是東方論點，但卻是可行的，這也是非神造萬物論有趣的地方。如果你奉行有神論的教規，你其實是不接受責備的。一般相信天上這位留著鬍鬚、鼻子高大的傢伙說你正確時，你就沒錯，因此要爲自己的正確而戰；說你錯時，你就悔過。你應盡自己的本分等等。我就不繼續講那些陳腔濫調了。但是對許多人來說，接受責備卻是新奇無比。你可能會吃驚地問：「你的意思是說我應該爲他人接受責備嗎？我應該爲此而死嗎？」對於接受責備，你不必想那麼多，但你確實可以容納這麼多的責備。你做得到。

通常，對於生活中可能發生的任何問題，如政治、環境、心理，或是就此事而言的心靈問題，你總是決定歸罪他人。你可能沒有特定的人可以歸咎，但你的基本邏輯還是「有什麼不對勁了」。你可能前往當局，或請見政治領袖，或尋找你的朋友，要求他們改變環境。這是你向人抱怨的一貫方式。你可能把一群和你一樣譴責環境的人組織起來，你可能連署請願某位可能有辦法改變環境的主導人物。或者你的抱怨純粹是個人的，如果你的配偶有外遇，你可能會請他放棄那位情人。但是就你自己而言，你覺得非常清淨良好，你完全沒有動過自己。你要百分之百維持自己。你總是要求他人爲你做大大小小的事情。但如果你非常仔細觀看自己當下的舉動，它就變得不合理。

有時候，如果你的丈夫夠勇敢的話，他可能會跟你說：「你不是也該接受責備嗎？你不是也必須參與和處理嗎？」或是你的妻子夠勇敢的話，她會說此事跟你們雙方都有關。如果你的配偶有點膽怯又有點聰明，他可能會說：「要怪我們兩個。」但沒有聰明人會說：「要改的是『你』。」每當有人確實說：「那是你的問題，不是別人的。」你聽了一點都不會高興。若如此，我們的世俗菩提心就有問題了。

法本上說：「眾咎皆歸一。」你必須那麼修，是因爲你一直都非常珍愛自己，甚至不惜犧牲他人的性命。你一直都非常珍愛自己、疼惜自己。雖然你有時會說不喜歡自己，但即使如此，你心底也知道你太喜歡自己了，以至於願意把他人都甩到水溝下。你確實會那麼做。你願意讓某人為你犧牲性命、獻出自己。但你又算哪根蔥？因此，重點是要接受一切責備。這是第一句視自己整個生命為部分世俗菩提心道的口訣。

這句口訣不是說你不應該大聲表達。如果你看到某件事顯然會危害大眾，你應大膽說出。但說出的方式是把眾咎歸於你自己。問題是如何把這件事呈現給當局知道。通常你會來勢洶洶，用傳統的美國方式到他們面前。你已接受訓練，要用「語王」的民主方式為自己和他人辯護。你手拿標語牌示威，嘴裡喊著上面寫的口號：「此非我願。」但那只會讓當局更強硬。我們可以更善巧、更明智地處理整件事情。你可以說：「或許這是我的問題，但我個人覺得這水的味道不好。」你和你的朋友可以說：「我們覺得喝這種水不好。」事情可以非常簡單和直接。你不須一路上訴到底。你不須用「語王」的方法發表各種宣言，如「給所有人類自由！」等等。你甚至可能把你的狗或貓一起帶來造勢。我認為整件事情可以非常溫柔地處理。

社會顯然是有問題的，但處理方法並非「我，一位正直的政治人物」或「我，一位社會的重要人物」。民主是建立在我爲自己大膽發言的心態上，而且那個我是打不倒的。我是民主的代言人。我想得到我的權利，我也爲他人的權利辯護。因此，我們不要這種水。但那種方法是行不通的。重點是我們可以匯集大眾的經驗，而不只是舉辦一場大集會。你坐禪時，就是在匯集大眾的經驗。

有個極端的例子是：如果我剛好發現自己身在壓下按鈕就能炸掉整個星球的中央總部，我會毫不猶豫，立刻殺掉即將壓下爆炸按鈕的人。我還會爲此而高興呢！但那個情況跟我們說的有點不同。那裡，你是處理整個社會的力量關卡。而這裡，我們只是在談如何集體平撫世界，讓世界變成開明的社會。創造開明的社會需要大家都把眾咎歸於自己。

13 思眾皆有恩。

這句口訣也跟世俗諦有關，亦即沒有這個世界，我們就無法證悟，沒有修行的旅程可言。拒絕世界，我們也就會拒絕根和道。我們的過去種種和一切煩惱在某方面都跟他人有關。基本上，我們所有的經驗都以他人爲基礎。只要我們有修行的心，明白自己正走在修行道上，每個看似障礙的小細節就會變成修行道的重要部份。沒有它們，我們完全不可能證得什麼——我們沒有回饋，沒有修持的所緣境，完全沒有。

因此就某方面而言，我們週遭世界發生的所有事情、所有煩惱和問題，都是重要的。沒有他人，我們無法證悟；事實上，我們甚至無法走在修行道上。換言之，我們可以說坐禪時如果外面沒有噪音，我們就無法開展正念。如果身體沒有疼痛，我們就無法念念分明，無法眞正禪修。如果一切都像水母般柔軟，就沒什麼好修了。一切都會是一片空白。我們因爲周圍的起起伏伏而充實富裕。因此，我們可以坐下來禪修。我們有參考點：鼓勵、氣餒等等。一切都跟修行道有關。

此教法所談的，其實是把自己的血和肉給予他人。「如果你要我的話，就把我帶走、佔據我、綁架我、控制我——繼續啊！動手啊！把我帶走。我隨時爲你效勞。你可以在我身上彈跳、排泄，或把我碎屍萬段等等。沒有你的幫忙，我的修行旅程就完全沒戲唱了。」這種心態是非常非常有力量的。事實上，噶當派上師朗日塘巴有一句話很有趣：「我明白所有過失都屬於我的，所有福德都屬於他人的，因此除了自己以外，我實在不能責怪他人。」

有一小句話，你能背起來是很好的。在西藏，我們習慣把它黏在門把等物之上。這句話是：「利益和成就給他人；損失和挫折給自己。」如果你誤解這句話，它就會聽起來非常自我虐待。尤其是天主教一般認為把眾咎都怪到自己頭上是罪惡的終極概念。但在這裡，我們不是在談罪惡或犯了什麼大錯，而是如實看待一切。我們所指的「利益和成就」，是任何鼓勵我們修行的事情——那是世界創造的。但同時，我們也一直充滿「損失和挫折」——那是我們的。我們不應為此而悶悶不樂，而應該引以為傲。我們終於是真正無畏的人了；利益是他人的，損失是自己的。那真是太棒了！當我們一早起來，還感到相當虛弱時，可能不覺得那樣很棒；但是晚上幾杯酒下肚，胃也填飽後，我們感到相當舒服，就可能覺得那樣很棒。但根本上來說，那是眞的很棒。

這幾句話並非基於罪惡或懲罰，如猶太人「唉，眞糟糕！」（oy vey）的概念。但很多我們容易怪罪他人的事情，其實是我們自己做的，否則我們就不會陷入困境。爲何他人都平安無事，而我們卻麻煩一堆？是什麼原因造成的？一定是我們出了什麼狀況，一定是這樣的。我們可以寫下個案歷史和僱用律師，以便證明自己是對的，他人是錯的，但那樣也很麻煩。那全是苦惱、問題。而且不知爲何，想證明我們的個案歷史也沒有用。無論如何，爲了證悟而僱用律師是不合乎修行規矩的。這是不可能的。佛陀也沒有律師。

一旦我們把眾咎歸於一，這句「思眾皆有恩」的口訣就會自動跟進。我們覺得如果他人不存在，我們就沒有困擾，也就完全無法把眾咎歸於自己。一切有情眾生，所有世人，或是大部分人在處理「我自己」這方面都有問題。沒有他人，我們完全沒有機會超越自我。因此，這句口訣是要我們心存感恩，因爲他人給我們巨大無比的障礙，甚至是威脅或挑戰。重點是要感恩。沒有他們，我們完全無法修行。

修行跟處理煩惱有關。但如果沒有煩惱的所緣，心就不會生起任何煩惱。因此我們應非常感恩這些人。他們其實是把我們推上修行道的人。阿底峽尊者是這些修心教法的原創者，他有一則小故事。當時，阿底峽受邀至西藏教學，他聽說西藏人非常親切、溫柔、好客。因此，他決定把修行的所緣帶著，也就是脾氣非常暴躁的孟加拉侍者。因爲藏人是那麼仁慈善良，所以阿底峽尊者帶著這位侍者，以便藉他來修心。有趣的是，他之後說他其實不需要帶著這位侍者，因爲西藏人不如傳聞中的善良。

如果有人傷了你，你應感恩他們給你機會修行。但你不須故意讓別人傷你，那是某種烈士行爲。你不須請人傷你，但是當你碰到這種情形時，我們所有的討論都應用得上了。這不是說你必須依劇本演出。反之，某人會責怪你，然後你會認爲：「怪我沒錯。」你不須逃避這種情形，也不須如此安排。你只是過著你的生活，過得非常清明健全，而且不傷害他人。但如果剛好有人傷了你，你就知道怎麼處理了。這非常簡單。不是說我們要故意跳上劍鋒。那樣就誤解了。反之，你和攻擊者建立緊密的關係。

更進一步的修行可能是用武力阻止攻擊者，不讓他因爲傷害你而造業。但那是非常高層次的慈悲。舉一則西藏上師的故事爲例：他準備到某寺院傳法，敵人埋伏著打算殺害他。上師拔出匕首說：「這是老虎牙。」然後刺向領頭，當場殺了他。每個人都大吃一驚，於是讓這位上師離開。那是完全不同的方式。我認爲做到那種地步太危險。只要你知道自己在做什麼，就沒問題，但那種方式會擴大衝突。

「損失和挫折」的本意並非眞的是指痛苦，它只是遊戲而已。它是說你因爲不如意而有點惱怒，也就是我們一生都在經歷的小事情。這和眞正的痛苦無關。我們並非永遠如意，並且總是爲此而失望。如果我們把錢花光，或撞到某人的車子等等，我們就會憎恨某物、某人，甚至自己。這不是眞的苦，只是困擾。

這整個方法就是在處理和轉化各種困擾，把它們當成可以通往開悟的旅程來行走。我們不是在談根本痛苦。我們的問題之一，就是把整件事情看得太嚴重了，西方人尤其如此。我們把整件事情不必要地複雜化，並且不知如何以正確的心態玩遊戲。這並非大交易，這是交換。你終於全盤接受，在虛線上簽名了。這是很輕鬆的場面，死亡也是如此。記住這一點。幫它編個口訣。不管發生什麼事，你都不會把這一切當眞。不管出現什麼，你都不把它當成最終的問題，而是驟然生起、來來去去的暫時現象。

這顯然需要長期的思和修。一個人不可能沒有預先計畫旅程和調順自己的心態，就修持這個法門。基本上，他也需要對空性的體驗有些許的了解。那裡完全沒有根據地做爲起點，因此任何在無根據地發生的事，都變得調順可行。這個法門其實是非常強而有力的；無論如何，我十幾歲時認爲它是如此。那時它眞的讓我法喜充滿。它非常直接、簡單和有益，尤其當你面對困擾時。

14 觀妄爲四身，是無上空護。

在這句「觀妄爲四身，是無上空護」的口訣中，基本問題是要保護誰、保護什麼。

這也會牽涉到其他各種問題，但基本上，我們談的是了解自己覺知萬法實相的方式。覺知時，首先會有等待或開放的感覺。我們可能會不確定要如何覺知萬法，不知如何讓特定情況變得可以理解。其次，我們清楚知道如何組織事情。第三，我們開始建立兩者間的關係。最後，我們有整體的經驗。這就是我們經歷的四個心識狀態，亦即心理過程的四個階段，跟法身、報身、化身和自性身等四身有關。

我們對世界起的反應過程中，第一階段是法身，它通常是不確定、困惑的。策略尚未成形，計畫尚未組織完全；它只是基本的開放感。化身是這個過程的第二階段。這時，我們在某種清明之中，對情況有大致、基本的理解。爲了使不確定（開放）和清明之間有個連結，我們需要報身，它跨越兩者間的鴻溝，並且把它們合在一起。因此，法身和化身是透過報身而連在一起的。根據這項傳統，那是觀看事情的眞實方法①。

①邱陽創巴仁波切說：「根據傳統的分類法，三身的順序通常跟這裡說的相反，傳統的是法身、報身和化身。

自性身是了解整體，亦即全景的整體經驗。當我們的心開始觀照所緣時，當我們理解它時，當我們開始明白三身之間的某種關聯時，那種整體的瞭解就是自性身。

自性身是普遍的存在狀態，這個心識狀態也包含眾所皆知的不生、不滅和不住。不生的意思是念頭不起，我們的存在狀態完全沒有心念的生起這等事，只有單純的存在和開放。不滅的意思是沒有念頭會確實消退，除非有其他境界取代或跟它們重疊。不住的意思是念頭不住任何地方，雖然偶爾會有某種「住」。因此，自性身的意思是超越念頭的生、滅和住。

法、報、化和自性這四身成為大保護的原因是我們開始明白心的運作方式，亦即我們的存在狀態。我們了解不管生起什麼念頭，都永遠會順著那四個階段，那個個案歷史，那個本性。驟發的痛苦、驟發的憤怒、驟發的瞋心、驟發的貪愛——不管生起什麼，都可以說是永遠順著同一程序、同一過程。萬法永遠都依照四身的程序。雖然我們可能不認為自心是全然超越、開悟或覺醒的，但它的模式還是依照四身的原則。

因此，萬法的本性是當下。念頭只是生起，你看不到它們的生，它們就在那邊。它們滅，它們只是（仁波切彈一下手指）。它們不住，它們只是（仁波切又再次彈指）。這整個是自然的過程。

這句口訣看似有點模糊，但它跟勝義菩提心的概念有關，也就是觀察自己和修持止觀，以便了解自心。這麼修持的話，你就會開始了證心的體是空的，心的相是極其明亮的，心的用是積極活躍的。你要禪坐才可能有此證悟。只有禪坐，你才可能見到心是沒有源頭的。只要你能夠觀察念頭，就會發現它們並沒有從什麼地方生起。你也不知念頭往哪裡去。念頭只是來和消失。此外，你也不知道念頭住於何處，特別是當你修到有基本的正念和覺察時。

當你繼續修持正念和覺察，看似無明混亂的心就會開始變得荒謬可笑。你開始了證念頭沒有眞正的出生地、沒有源頭，它們只是突然出現的法身。它們是不生的。你的念頭也沒有到哪裡去，它們是不滅的。因此，你把自心看成報身。此外，你的心並非眞的有所造作，所以你本來以爲心可以住於任何事情，這個想法也開始變得荒謬了，因爲念頭沒有安住的地方。因此，你把自心看成化身。整體來說，心是完全不生、不滅、不造作或住的；所以你把自心看成自性身。重點是不要讓心一片空白。你只是因爲有超強的正念和覺察，而開始了解沒有實際發生的事——雖然同時你認爲許多事情在發生。

了證無明混亂的自心不生、不滅、不住，是最好的保護。空性是最好的保護，因爲它切斷你對信念的執著：「我有我的堅固想法」或「這是我宏偉的想法」或「我的想法太可愛了」或「我在心中觀想一個壯麗的什麼」或「外星人降臨並和我說話」或「成吉司汗出現在我心中」或「耶穌基督在我心中顯現」或「我曾經想過一個如何建造城市的龐大計畫，或如何寫一部驚人的音樂喜劇，或如何征服世界」，什麼想法都可能，乃至「此後我要如何謀生？」或「什麼是把自己個性磨利的最好方法，我才能在世界上嶄露頭角？」或「我多麼恨我這些問題啊！」所有那些計畫、念頭和想法都是空的！如果你看它們的背後，就會像是看面具。如果你看面具的反面，你會發現那是挖空的。面具上可能會爲鼻孔和嘴巴開幾個洞，但如果你看它的反面，它就不再像是一張臉，而只是有洞的廢物。了證這個道理是你最好的保護。你明白自己一點也不再是最好的藝術家，你不如你所想的那麼偉大。你明白自己只是在編寫荒唐、不存在的故事。如此了證是切斷無明的最好保護。

這句口訣旨在把一切帶入勝義菩提心道。這非常弔詭。當你聽到只要觀一切爲四身，一切就會受到保護時，你可能會認爲你的小孩會受到保護，你的兄弟姊妹、你的財產和你的汽車會受到保護。但這裡的保護不完全是那個層面的；它是空性的保護，亦即你再也沒有任何執著的地方，你懸在空性中。這種處理事情的方法是非常善巧的。這裡不是在談無我，而是試著建構你的保護。但你可能會發現自己是無我的，了悟到沒什麼好保護的。因此，你的保護沒有根據地。就某種意義來說，這是相當具有臨床性質的作法。如果沒有細菌聚集的溫床，周圍就不會有細菌。

四身的概念不是密續獨有的，它是大乘行者的無上思惟。四身之說出現在第三轉法輪，彌勒菩薩的《寶性論》②和《金剛經》③都有提到。所以這不是密續獨有的概念。但同時，它某方面是密續的。供養魔障和護法的概念深受密續的影響，如果我可以這麼說的話。（見下一句口訣：「四行勝方便。」）這整個是基於大乘的原則，但有一系列的潛藏技巧是借自金剛乘的。因此，概念是以大乘的觀點呈現，但技巧是密續的。

15 四行勝方便。

這句口訣其實相當困難，但是非常有意義。它是指如何在日常生活中修「勝方便」，它由積聚資糧、淨除惡業、供養魔障和供養護法這四種方便行構成。

積聚資糧

第一個方便行是積聚資糧，意思不是爲了滿足自我而積聚任何東西，而是試著和神聖的事物結緣，如佛法和佛性，後者以藝術作品、影像、塑像、畫像、經書、各種象徵和各種顏色來表現。我們跟它們結緣。創造資糧就是盡力跟它們結緣。恭敬心變得非常重要。

積聚資糧也以完全信任「三種加持」爲基礎。它們不是口訣，但可說是爲口訣而作的三行加持祈請文：

如果我生病比較好，請加持我生病。
如果我存活比較好，請加持我存活。
如果我死亡比較好，請加持我死亡。

②《寶性論》是彌勒菩薩透過無著大師而傳授的重要大乘法本，闡釋佛性，並且是彌勒五論之一。

③《金剛經》有三百行，梵文是「*Vajrachedika Prajnaparamita Sutra*」，亦即「如金剛鑽石般銳利的般若智慧」。它是大乘探討空性的般若經中，較短且最著名的一部經。

這是勝義的創造資糧。也就是說，我們不可能有一連串的資糧完全填滿整個地方。我們在行乞前，乞討缽必須清空；否則沒有人會給我們東西。爲了得到東西，首先必須有開放、讓與、臣服的感覺。這不是爲自己著想，而只是如其所是。不管出現什麼，都要心懷感恩。這不是說你不和任何人說話；反之，這就好像在說：「讓雨下吧！」或「讓大地震動吧！」這只是一句神奇的話。當你那麼說時，可能真的會發生什麼事，但你不是特別在和任何人說話。我不知如何用語言表達，「請加持我。」或「就讓它發生吧！」

傳統上，雕塑佛像、建造舍利塔和供養僧眾（佈施和護持僧團）能累積資糧。但我們不只在奉獻自己的綠色能源，也試著整個放下執著。比方說，如果我們生病比較好，就讓自己生病。「請讓生病成爲我們的加持。」

我們可能會認爲這是素樸人士的處世態度，對什麼都隨順因緣。但在這裡，方法必須是極爲明智的，才能讓我們向前進行和全然開放地面對情況。也就是我們不能只有盲目的信仰，那是非常重要的。我們必須有明智的、放下我執的信念。我執造成一種做生意的心態：「如果我沒有得到這個，我就得控訴佛、法、僧（不管是隱喻的還是實際的）。如果物不如所值，那我就被騙了。」但我們的心態不是以牙還牙，而是讓事情如其所是：「不管發生了什麼事，我都想放下我執這個問題。」那是非常簡單和實際的。那正是積聚資糧的意思。

如果有大男人的貢高我慢，認爲自己已經積聚了足夠的智慧福德，而現在只是要再多累積一些的話，我們就無法眞正積聚資糧。積聚資糧的人必須謙卑，並且願意佈施，而不是只願意積聚。一個人有多麼願意佈施，則某方面而言，資糧的積聚就會多麼有效。那就是爲什麼會有那三行副口訣或提醒。其實我們可以把它們稱爲咒語，這個詞或許更好。口訣就是提醒，所以這三行咒語是提醒中的提醒。

當我們談到資糧時，我們不是在說要爲自我聚集什麼，而是轉成如何懲罰自我。你的邏輯是要永遠快樂，但你得到的總是痛苦。爲什麼那樣？因爲尋求快樂的行動本身就會帶來痛苦。你總是買到爛貨，一直是如此。你買到爛貨，是因爲你從錯誤的那一端開始。

此方便行的重點是你必須有所犧牲，而不是純粹希求快樂。你必須一開始就以正確的那一端爲起點。爲此，你必須諸惡莫作，眾善奉行。爲此，你必須把希望和恐懼整個封鎖，才不會希望從修持中得到任何東西，也不會特別害怕惡果。

不管發生什麼，就讓它發生；你沒有特別要尋找快樂或痛苦。如同積聚資糧的祈請文：「如果我死亡比較好，請讓我死亡；如果我活著比較好，請讓我活著；如果我快樂比較好，請讓我快樂；如果我痛苦比較好，請讓我痛苦。」這是非常直接的方法，如同在寒冬跳入冰冷的游泳池中，如果那樣對你的體格最好，就跳進去吧！這個意思是和當下的情況有直接的聯繫，就這麼單純，一點陰謀都沒有。尤其是你有希求或恐懼的時候，你要反方向行動，你要跳入自己的恐懼而不希求。這與承受他人的苦和佈施自己的快樂是同一個方法。你們應該不會再對這麼奇怪的處理方式感到詫異了；它雖然奇怪，卻通常有效。我們幾乎可以說它是百分之百的有效，至於有沒有百分之兩百，我就不確定了。

淨除惡業

第二個方便行是淨除惡業或無明。因爲你已經學會把期望和恐懼整個封鎖，所以你培養了溫柔和健全的心，這是積聚資糧的結果。之後，淨除惡業的本意是有心理上的了悟：你回顧過去並且說：「天啊！我一直是如此愚蠢，之前竟然不知道！」你逐漸有此心態，因爲你至少已稍微證得某種程度的智慧。當你回顧過去時，會開始了解自己一直是多麼的渾渾噩噩和令人困擾。你之前沒有注意到，是因爲某種愚癡。因此，重點是回顧過去，明瞭自己一直在做什麼，並且不再重蹈覆轍。我認爲那是相當直接的。

我們把藏文的「dikpa」翻成「惡業」或「無明」，而不是「原罪」④。「原罪」這個詞有各種涵義，尤其在冥界或現世的基督教界，以及一般有神論的傳統中，原罪的概念是無所不在的。「Dikpa」字面上的意思是「罪」，但它跟基督教或猶太教傳統所指的不同。「無明」有心理上的含意，而不純粹與倫理有關。當無明開始湧現時，你就會開始隨波逐流，並且做可笑的事情。你可能覺得很好玩，與我無關，但從這個觀點來看，它會導致輕舉妄動。因此，無明是主因，輕率是行動。

惡業的終極概念可以是各種犯罪和破壞，但我們正在討論的是產生各種輕舉妄動的無明。我們懺悔那樣的無明。這種懺悔不是在小告解室裡和神父說：「神父，我昨天做了一件可怕的事，我應怎麼做才能彌補？」神父會回答：「說這個二十遍，我們就能讓你走。」然後，下一次你又來告解同樣的事，神父可能會說：「你過去表現一直都很壞，所以這次你要說五十遍。我在爲你做紀錄。」從那個角度來看，一切都是按照官僚程序。但在這裡，懺悔是較爲個人的。佛教的懺悔，應該說是沒有教堂或專門的建築物讓你進去懺悔你的惡業或無明的。有一種四力懺悔，但與其說是懺悔，不如說是淨除無明。

第一步是對自己的無明感到厭倦（亦即破斥力）。這是首要之務。如果你不會厭倦一直重複做同樣的事，如果你因此而大發利市，你大概就不會有機會淨除無明。然而，一旦你開始感到厭倦，你會說：「我不應該那麼做的。」或是「我的老毛病又犯了。」或「早知如此，何必當初。」或「我覺得不太好。」這些是你會說的話，尤其當你早上起來，宿醉仍嚴重時。那是很好的，那是你確實可以懺悔無明的徵相。你回想起來並說出昨夜、昨天或之前做了什麼事。這些全都令你非常困窘，實在糟糕透頂。你不想起床。你不想出門或面對世界。

④「Dikpa」的意思是「惡業」，或是引導一個人遠離開悟的行動。通常有惡業就會有「障礙」，所以我們說業障。障分為兩種：煩惱障和所知障。

那種十分丟臉、可惡至極（因為沒有更好的字來形容）、五臟六腑全都敗壞發臭的感覺，是第一步。那種懊悔感不純粹是社交性的後悔，而是個人的後悔。那羞恥感開始從我們的骨髓蔓延到骨頭和頭髮。從窗戶射進來的陽光也都開始嘲弄我們。就是那樣。那是第一步。厭倦懊悔讓我們非常健康地邁向第二步。

第二步是不造惡業或懺悔（亦即誓願力）。「從此刻起，我將不造惡業。我將停止所造的惡業。」當我們開始覺得之前所做的是這麼討厭的時候，通常懺悔心就會生起：「我還要那麼做嗎？或許那很有趣，但是不做還是比較好。」我們越是思惟，就越不會一頭熱地想再那麼做。因此，我們有不造惡業、不再行惡的心。那是第二步，懺悔或淨除我們的惡業或無明。

第三步是皈依（亦即依止力）。我們明白惡業已造，而且它們不會特別因為一個人的原諒而消失。這似乎跟基督教的傳統不同。沒有人可以因為說：「我原諒你。」而抹掉你的無明惡業。雖然你原諒的人很可能不會再度攻擊「你」，但他可能會去殺別人。從那個角度來看，除非惡業整個淨除，否則原諒是沒有幫助的。原諒不僅沒幫助，甚至還可能促使你造更多的惡業。佛教的方式是這樣的：某人若已清除你的惡業，他就是和你結了好緣，但他對你的體恤和寬恕，會促使你造更多的惡業。因此，這裡的原諒是指一個人必須完全降服。犯人必須完全投降，而不是原諒罪行而已。

行動並不是什麼大不了的問題，促使一個人去犯罪的基本因素才是更重要的。甚至是現代世人，也已開始明白這個道理。我們已開始明白獄中犯人必須改造，並且要給他們更進一步的訓練，才不會故態復萌。通常犯人只是得到免費的食宿，一旦他們服刑完畢，就可以有一段美好的時光，因爲他們已經服了刑，受到了原諒，並且一切都很好。如果他們又飢餓潦倒，沒有任何食物、金錢或住所，他們可能會重回監獄。所以改造這個概念是非常弔詭的。根據歷史記載，過去的佛教徒顯然不曾有過監獄，連阿育王都沒有。他是第一位譴責與蓋監獄的人。

皈依的意思就是完全降服，其本意是犯人完全降服，而不是原諒罪行。那就是皈依佛，以佛爲模範；皈依法，以法爲道；皈依僧，以僧爲伴；也就是放棄自己、放棄自己的堡壘。

第四步是更深一層地圓滿依止的過程（亦即對治力）。這時，一個人是完全地降服、讓與和開放的。一個人應該確實祈求不要有期望和恐懼。那是非常重要的。「如果期望太高，願我期望別那麼高。如果恐懼太大，願我恐懼別那麼大。」超越期望和恐懼，你就會開始培養淨除無明和圓滿成就的信心。那就是淨除惡業的行動力量。

因此，第一步是厭惡已造的惡業。第二步是不再造業。第三步是了解惡業已造而開始皈依佛、法、僧——拖出你的無明。此後，你就要發誓成爲修道上的行者，而不是大商人。所有那些過程在某方面是相連的。最後，你無所求也無所懼：「如果有期望，請讓它消退；如果有恐懼，願它也消退。」那是第四步。

供養魔障

第三個方便行傳統上稱爲「施食鬼神」。這是指讓我們生病或不幸等等的鬼神，西藏音爲「dön」。重點是要告訴它們：「我非常感激你們過去曾經傷害我，我想請你們一再回來傷害我。我非常感恩你們把我從昏沉怠惰中叫醒。至少當我感染流行性感冒時，我覺得自己跟平常的懶散愚癡、沉溺享樂非常不同。」你請求它們盡力把你叫醒。每當出現任何困難時，你就開始心懷感恩。這時，你把任何可以叫醒你的因緣都當作是最好的。任何能使你正念覺照，讓你驚醒的機會，你都當成是最好的，而不是一直想避開問題。

傳統上，一個人用「torma」（食子）供魔。「Torma」是西藏音，意思是「供糕」。如果你曾觀看藏密的修法儀式，你可能會看到用酥油和麵團雕成的小供糕，樣子很有趣，那就叫做「torma」。它們代表禮物或象徵。西方類似的概念是生日蛋糕，它經過精心的設計，上頭的花樣很藝術，並且外層整個加上裝飾。因此，我們以食子供養傷害我們的魔，確切來說，就是對我們造成壞影響的眾生。

第二個方便行是懺悔罪業，那只是對自己持續的無明煩惱自然感到厭倦。煩惱不是什麼地標，它只是自然發生的事，不是大攻擊。但魔障就是大攻擊或天搖地動的突發情況，讓你三思。你受到突發事件的一擊，突然事情開始接踵而至。也就是說，有什麼不尋常的事發生了。煩惱只是像個駝峰，不是陡坡。它只是跟起伏、痛苦有關。第二個方便行是對自己的問題感到厭倦。你感到自己的煩惱一直持續出現，就好像一再發作的偏頭痛。你對那感到疲倦。你厭倦一再重複同樣的事情。第三個方便行是說我們應該以食子供養傷害我們的魔。

魔是非常突然、非常直接的。一切皆平順，突然晴天霹靂：你的祖母和你斷絕關係，或是運氣轉壞。魔的攻擊通常較爲突然；它們立刻佔有你。「侵佔」其實是「dön」最貼切的翻譯。魔等同於侵佔，因爲它們出奇不意地突擊你。突然間，你的心情很壞，雖然一切都很好。

這個主題其實是很複雜的。我們不只是在談施食嚇唬我們的眾生，那些可能突擊我們的小妖魔：「我們來餵它們一些小點心吧，它們就會離開喔。」這還跟藏人對魔的整體概念有關，這個概念來自苯教傳統⑤，但也適用於佛教傳統。「Dön」這個字的意思是感到或經驗到周圍存在著什麼東西，它突然讓我們沒來由地恐懼、沒來由地瞋、沒來由地貪、或沒來由地慢。我們一生都會碰到這種情形。我們一生都一直受到某種感冒或發燒的侵佔。莫名其妙，我們突然心生恐懼。莫名其妙，我們非常緊張易怒。莫名其妙，我們慾火燃燒。莫名其妙，我們突然貢高我慢。這是某種煩惱的攻擊，稱爲魔。如果我們從外在的觀點來探討，就可以說是某些現象使我們那麼做。延伸此邏輯，我們可以說某某靈魂存在於我們身外：「我們被華盛頓的鬼魂附身了，它促使我們去競選總統。」等等。

⑤苯教是佛教傳入前的西藏本地宗教。

煩惱種子一直起現行的感覺，就稱爲魔。這種感覺一直生起。突然間，我們的淚珠莫名其妙地撲簌而下。我們一直哭、一直哭、一直哭，最後完全崩潰。在某個因緣際會之下，我們想摧毀整個世界，並且想把每個人都踢出去。我們想摧毀自己的房子。如果我們有妻小的話，我們也會把他們打昏。我們當然是走上了極端。有時候，魔不隨著我們走上極端。當我們起了個頭，並且順著那個勢的時候，魔卻不想成爲你日後控訴的對象，所以它會往後一拉。我們的拳頭伸在半空中，怒氣沖沖地走向妻子，打算揍她的眼睛——突然沒有人爲我們加油，所以我們的手就掉了下來。

魔就像某種流行性感冒，它侵佔我們，並且通常是不可預測的。魔一直來侵佔我們，有時程度較小，有時程度較大。重點是要了解和明白這種事情正在我們心中生起，煩惱種子正開始在我們心中起現行。我們對此可以心懷感恩。我們可以說魔的出現實在很棒：「你們確實把我所欠的債奪回去、沒收了，眞是太好了。請你們一再回來這麼做。請回來這麼做。」我們不認爲這是在玩「不給糖就搗蛋」的萬聖節遊戲，以為我們給得夠多了，魔就會離開——它們是會再回來的。

我們應該邀請魔回來，它們是無明煩惱的突擊而形成的起起伏伏。這是相當危險的；妻子會害怕眼睛一再被揍得烏青，丈夫會害怕進不了家門且沒有美味的晚餐可吃。但是一再邀請它們、明白它們來到的可能性，還是很重要。我們不會想擺脫它們。我們必須感謝和感恩已發生的事。通常魔一湧現時，身體也剛好會有某種的虛弱，好像我們就要感冒或著涼了。

有時候你粗心大意。你吃的食物不當，出門沒加件外套，因此你著涼了。或是你不注意腳下而滑倒，因此盤子打破了，或你的肋骨斷了。魔會趁隙而入，就像我們不知不覺地著涼了。事情總是那樣發生的。你可能完全掌控大局，但另一方面，問題也完全掌控大局，這使你忘失正念。因此，大批魔軍就可能趁隙而入攻擊你。重點是如果你一天二十四小時都完全念念分明，你就不會有魔，不會感冒，不會著涼。但是你一不念念分明，就會發生各種事。你必須面對那個事實。你可以說念念分明時，就能完全避開這種問題。但那是引誘你念念分明的廣告。

當你忘失正念時，你要歡迎這樣的攻擊。它們提醒你是多麼不念念分明，所以你心懷感恩。它們總是受到你的歡迎：「別走，請回來。」但同時，你繼續保持正念。與老師共事也是如此。你不會一直要避開老師。如果你目前沒有問題，你永遠還是可以向老師請教。但在某個階段，老師可能會對你大發噓聲，但你還是得繼續用功。你歡迎它們的出現，因爲這對你的方向而言有某種意義；它們讓你知道發生了什麼事。

情況通常是我們有個行程表，一切都按照計畫順利進行，稱心如意而良好無虞；但是有一天，我們忽然焦急不安，有一天我們心情非常低落。一切本來是平順如常的，然後出現高低起伏，亦即生命中的小小不如意。小漏水、小溢水一直發生。重點是對那些力量供養食子。

如果我們試圖以眞正的食子供養它們，可能還是一直會有同樣的起起伏伏。這裡供養食子的意思是有點象徵性的。我不認爲把西藏的小供糕給我們的起起伏伏，就能擺脫它們。那太牽強了。請原諒我這麼說，但其實那是實話。供養食子更需要的是你眞誠的態度。如果我們用某個供品代表自己的存在，並且眞心把它供養出去，以表示我們的開放和臣服，那是可以的。但那是較高的層次。特別是，生活在這個環境的人沒有在儀軌世界中接受訓練，因此對供養等事沒什麼感覺。儀式變成迷信，而不再神聖。那已成爲問題。很少人經驗過那種性質的事情，並且讓其意義非凡。這個意思是說我們確實必須發誓修行，而不只是讓某人在我們身上灑灑水，試著使我們感到美好快樂而已。我們對儀式的體驗，還沒有深到可以實際向魔供養食子，好讓它們不再侵襲我們。爲了要實際供養食子，我們的身心需要更調順，也要感到非常清明。因此，我不想建議你們用剩菜袋取代供品，放在那裡給任何人吃，雖然給當地的狗兒貓兒吃可能不錯。

供養護法

第四個方便行是祈請護法助你修行。這和祈求你的守護聖徒，請他確定你能安全渡河，是不大相同的。讓我給你們非常普通、基本的概念就好。你有你的根本上師，你的老師，他指導和加持你，好讓你能成爲一位傑出的學生。在一個較低的層面上，你的護法會在你迷失正道而陷入問題時把你推回修法上。護法就像是牧羊人：如果有一頭羊決定逃跑，牧羊人就會把牠趕回畜欄。你知道如果你迷失正道，護法就會教你如何回來。它們會給你各種信息。比如正當你大發雷霆，變得完全不如法的時候，你可能會把門猛力一關，結果指頭夾在裡面。那給你一個教訓。護法把你包圍並把你趕回所屬的佛法世界。如果你稍微妄想踏出佛法世界一步，護法就會把你趕回、「丟」回到那個世界。那就是請求護法助你修行的意思。

護法代表我們的基本覺知，但不是禪修時那麼深入的覺察，而是下座後才產生的或照顧我們的覺知。那就是爲何傳統上，在一天將盡之時，要就寢或吃晚餐時，以及早上起床時，我們要誦經念咒。意思是從早到晚，我們的生活都一直受到修行和學習的控制或保護。因此，我們的生活是神聖的。

一天將盡之時，我們很可能暫停法務和禪修，歇息一會兒。那時，各種無以計量的無明煩惱都很可能侵襲我們。因此那是最危險的時刻。黑暗在某方面跟邪惡有關，但這裡的邪惡不是專指基督教對撒旦的概念，而是某種潛藏的無明種子，若行者任它起現行，就可能障礙證悟。此外，這時我們可能要放腳下座了，因此爲了不完全脫離坐禪或修法，爲了繼續修行，我們請求護法保護我們。它們其實就是我們自己。它們是我們心智持續的表現。它們的工作就是摧毀我們內心生起的任何一種瞋或癡。

通常癡和瞋大有關聯。癡是「非法」。「法」沒有瞋的意思；它只是單純的眞理。但是眞理可能被各種概念心轉向、挑戰或調動。眞理可以被一個人的瞋心切成碎片。個人的瞋心也可能不被認爲是惡劣的，而是非常禮貌、抹上蜂蜜和牛奶的瞋心。這種瞋心就是大家所知的自私自利，我們需要切穿它。

根據這項方便法，祈請那種能量是非常必要的。爲此，西方已編作了各種讚美詩，西藏也發展了各種念誦文。我們有各種大黑天的完整大法，大黑天的工作就是斬斷嗜殺的潛意識戲論，因爲戲論不准許任何開放、單純、平靜或溫柔的感覺出現。這時，重點是要生起溫柔心。好比說爲了讓溫柔產生效用，我們必須同時斬斷瞋心，否則就生不起溫柔心。傳統的念誦文代表任何破壞溫柔心的人，都必須被溫柔斬斷。當溫柔變得非常嚴酷時，就能變得非常強有力而能當下斬斷。斬斷後，溫柔就會產生更近一步的溫柔。就像醫生跟你說這不會傷害你，只是讓針頭輕輕扎一下。輕輕扎一下，你就治癒了。就是那種意思。

要更近一步地了解我們祈請的大黑天或護法，就要看教法如何傳授，以及聽者的心如何正確解讀所傳的教法。那是我們最關心的一件事，或至少是「我」最關心的事。如果教法沒有正確傳授，或錯誤地傳授，或是有點怯懦地傳授——如果眞實的教法還沒有傳授，我們全部都會因此而倒地不起。所以我們請求護法透過教法、透過破產、透過組織上的種種不順、透過成爲百萬富翁，或是透過一般工作來幫助和回饋我們。這全都算在護法的幫助之內。這裡我們在嘗試很多機會。我們較不是在碰物質的機會，而是精神的機會。那似乎是我們祈求護法的基本重點。根據蔣貢康楚大師的論釋，供養護法是我們要做的。

16 現遇合修行。

如何把每日事件帶入修行道有三套口訣。第一套跟世俗菩提心有關，包括「眾咎皆歸一」和「思眾皆有恩」這兩句。第二套跟勝義菩提心有關，口訣是「觀妄爲四身，是無上空護」。第三套是跟修行有關的方便行，口訣是「四行勝方便」。討論完這三類口訣之後，有一個結尾，也就是這句「現遇合修行」。它不見得是最不重要的，但卻是最後一句。它是修心第三要的最後一句口訣，關於正確地把你的經驗帶入修行道，它其實非常有趣。

這句口訣的「合」這個字，感覺是把奶油塗在麵包上而合爲一體。你把情況和修行（或止觀）放在或合在一起。意思是不管出現什麼，都不是突發的威脅或鼓勵等等。反之，發生的事只會融入一個人的修行、慈悲心。如果有人打你的臉，那很好。或有人決定偷你那瓶可樂，那也很好。這某方面有點傻憨，但同時，它是非常強有力的。

一般而言，西方聽眾認爲這是很難的。這聽起來什麼都無所謂，如嬉皮的倫理：「一切都會很好。人和物皆共有。你可以和任何人分享任何事。不要追名逐利。」但我們說的不只是如此。它不是什麼都無所謂。它只是要你開放和了了分明，同時也能觀到我執。你要觀照自己的煩惱，而不是把煩惱波及他人。

「現遇」可以是快樂的情況或是痛苦的情況，但總是來得出奇不意。你以爲你已經把事情處理妥當了；你擁有一棟小公寓，並且在紐約市定居；你的朋友會過來坐坐，一切都沒問題；事業也很好。突然，毫無預警地，你發覺錢已經用光了！或是你的男女朋友拋棄你了。或是你公寓的地板垮下來了。即使發生的情況是單純的，都能令人大吃一驚。你正在打坐，一切皆寧靜安祥，然後某人說：「幹！」不知從何而來的侮辱。另一方面，或許有人說：「我認爲你這個人很棒。」或是正當你在整修崩壞的公寓時，你忽然繼承了一百萬元。令你吃驚的事，好壞都有可能。

「現遇」是指任何如上所述的突發事件。那就是爲何這句口訣說不管你遇到什麼，不管你碰到什麼情況，都應該立刻結合修行。不管什麼震驚了你，都應該毫不耽擱、立刻融入修行道。修持止觀，就能立刻覺照，而當場包容原本以爲的障礙。重點是不要立刻對苦或樂的情況起反應。反之，你應再次修持自他交換或施受法。如果你繼承了一百萬元，就要佈施出去，並且說：「這不是給我的。它是屬於一切有情眾生的。」如果對方起訴要求你賠償一百萬元，你要說：「我將接受責備，不管有什麼正面的果報因此而產生，都是屬於一切有情眾生的。」

顯然，當你一聽到好消息或壞消息時，可能會承受不了。那時你會：「啊！」（仁波切發出驚訝的叫聲。）那個「啊！」就是某種勝義菩提心。但之後，你需要培養世俗菩提心，好讓整件事情變得實際。因此，只要有必要，你就修施受法。重點是你承受時，要承受最壞的；你施予時，要施予最好的。所以不要歸功於己，除非你受到責罵。「我因為偷了全部的鞋子而挨罵，我歸咎於己！」

就某方面而言，當你開始安住於施受法上、安住於那堂正良好的層面時，你在自己的世界裡就會開始感到非常舒服和放鬆。施受法確實把你的焦慮整個帶走，因為你完全不須逞強。你大致上覺得防衛自己和強力攻擊別人不再是必須的了。你心裡產生很大的包容，因而生起一股力量，你所說的話開始讓人覺得有意義。整個施受法有非常美妙的效果。它不須變成烈士行為。它進行得非常美妙。

把生活事件帶到忍辱和無瞋恨的修行道上，就談到這裡。

【第四要】

使一生的修持發揮大用

第四要和精進波羅密

修心七要的第四要跟精進波羅密有關。精進的本意是不懈怠。當我們使用「懈怠」這個字時，我們是指普遍的缺乏正念和法喜。當你的心和法融合時，當你已經成為如法的行者時，你就已經生起精進心了。因此，你要對治懈怠是沒有問題的。但如果你還沒生起精進心，就可能會有些問題。

我們可以就培養歡喜和感恩心來討論精進。這就好像渡假旅行，你早上很有起床的動力，因爲你期待有個驚人的體驗。精進就像你在渡假旅行時，要起來的前一分鐘，你相信你將有一段快樂的時光，但同時你也必須盡情地玩。因此，精進是某種慶祝和喜悅，那是沒有懈怠的。

經典上說沒有精進，你完全無法在修行道上旅行。我們也說過沒有持戒的雙腳，你無法走在修行道上——但即使你有那雙腳，如果你沒有精進，你還是無法踏出任何一步。精進的意思包含推著自己一步又一步、一點又一點地往前走。當你走在修行道上時，你就確實跟修行道連結了。然而，你也會經驗到阻力。但是克服懈怠，停止沉溺於潛意識戲論、妄念和各種情緒的娛樂中，就可以克服阻力。

修心第四要談的是完成你一生的修持，從目前的生活處境一直到你死亡為止。因此我們在探討活著時和去世時你能做什麼。接下來這兩句口訣指導你如何過生活。

17 總攝心要法，應修習五力。

五力能讓我們終生都在修菩薩行，分別是意志力、嫻熟力、善種力、破斥力和願力。

意志力

第一是意志力。你決心維持世俗和勝義二重菩提心。行者應該永遠有維持菩提心的態度——此生、今年、此月、今日都在維持。意志力的意思是不浪費時間。這也在強調你和修行是一體的。修行是強壯自己的方式。有時候當你早上起來時，尤其如果你昨晚熬夜或參加派對，你會感到非常虛弱，有點恍惚不定。很可能你起來時還有宿醉，因此感到非常罪惡。你想知道昨晚有沒有失態，有沒有做荒唐的事。你想知道別人會怎麼想，並且開始害怕他人可能已經失去對你的尊敬了，或是證實你的虛弱無力。在那種情況下，你東想西想，擔心不已。

第一力是指你一張開眼睛看向窗外、你一醒來，你就再次肯定自己堅強的意志力，以便繼續修持菩提心。當你晚上躺下來時，你回想一天的工作、問題、挫折、快樂和所有發生的好事壞事時，你也要這麼做。當你入睡時，你要以堅強的意志力思惟，早上一醒來，就要以持久的精進心，也就是歡喜心，來維持修行。因此，你期待明天的來臨；你一早醒來時，期待即將展開的一天。

意志力是對修行生起近乎戀愛的心。你想和你的愛人睡覺；你嚮往這麼做。你想和愛人一起醒來；你也嚮往那麼做。你有感恩和歡喜心。因此，修行不會變成折磨或痛苦，不會變成牢籠。反之，修行變成能讓你一直振作的方法。修行可能需要某種程度的精進，要推自己一把，但你早已生起精進心了，所以你很高興早上要起來，晚上要睡覺。甚至連睡覺都變得有價值；你以良好的心態入睡。這裡談的是喚醒本善、阿賴耶的本性，並且明白自己處在正確的位置、修正確的法門。因此，第一意志力是有歡喜心的。

嫻熟力

第二是嫻熟力。因爲你已經發展堅強的意志力，一切都成爲自然過程。即使你偶爾忘失正念，即使你散亂或忘了覺察，情況將提醒你回去修行。在這嫻熟的過程中，你潛意識的佛法戲論漸漸強於普通的戲論。不管你做什麼，不管是善、惡或無記，菩提心已變成你熟悉的根據地。因此，你會漸漸習慣菩提心是持續不斷的證悟。

嫻熟的過程還是可以比做戀愛。當某人提到你愛人的名字時，你感到又苦又樂。那個人的名字和跟他有關的任何事，都會使你眼睛一亮。同理，當無我的觀念已經在你心中發展時，止觀自然會向佛法一照。你讓自己熟習佛法。換言之，你不再視佛法為外物，而是開始明白佛法是自家內的思想、自家內的話語和自家內的活動。每當你打開酒瓶、開一罐可口可樂或倒一杯水時，不管你做的是什麼，都變成提醒。你擺脫不了它；它變成自然的情況。

因此，你學習以清明的心過活。那剛開始對許多人是很難的。然而，一旦你開始明白清明的心就是你生命的一部分，就應該不會有任何問題。當然，你偶爾想休息一下。你想逃走，放個假，不要總是那麼清明。你想做其他的事。然而，你基本的修行力量開始變得更強大，因此你的基本邪惡或混亂就變成覺醒的正念、了悟和熟習。

善種力

第三是善種力。你一直非常嚮往成佛，所以你不離開覺醒的狀態。這基本上是說你的修行是不停歇的，是持續不斷的——你對自己的修行仍不滿意，所以不休息。你不覺得自己修得足夠了，也不覺得你必須做其他事。

這時，你對個人自由和人權的執著可能會生起。你可能會開始想：「我有權利隨心所欲，而且我想潛入地獄之底。我愛那樣！我喜歡那樣！」你可能會有那種反應。但你應該把自己從地獄之底拉回到上面來——爲了你自己。你應該明白不能就這樣順從清明意識的一點點幽閉恐懼症。這裡的「善」是指你的身、語、意都盡力增長自己的菩提心。

破斥力

第四是破斥力，破斥你的自我。這是對生死輪迴的厭惡。每當任何自我中心的念頭生起時，你應如此思惟：「因爲我如此執著自我，才會生死流轉，受無盡之苦。因爲我執是痛苦的來源，所以如果我試圖維持自我，就不會有快樂。因此，我必須盡力降伏自我。」如果你想自言自語，就應該這麼說。事實上，有時候自言自語是備受推崇的，但是當然要看你自言自語的內容是什麼。這裡，我鼓勵你向自我這麼說：「你已經對我造成極大的煩惱，我不喜歡你。你讓我在下三道流轉，使得我麻煩一堆。我一點都不想和你閒晃。我將摧毀你。這個『你』——但你又是誰？走開！我不喜歡你。」

和自我說話、如此破斥自己，是很有益的。洗澡時，那樣自言自語是有價值的。坐在馬桶上，那樣自言自語是有價值的。開車時，那樣自言自語是非常好的。你不打開龐克搖滾樂，而是開始破斥自我和自言自語。如果你有同伴，你可能會不好意思，但你仍然可以和自己說悄悄話。那是成爲怪菩薩的最好方式。

願力

第五是願力。行者在每次下座前，應該發願：一、獨自救度一切有情眾生；二、不忘失二重菩提心，即使是在夢中也要如此；三、儘管一團混亂或出現障礙，都要應用菩提心。因爲你已經有法喜的經驗，所以你不會覺得發願是個負擔。因此，你發的願會越來越廣大。你想證悟。你想去除無明。你想在一切時、一切地服務所有的「如母眾生」①。你願意成爲岩石、橋樑或公路。你願意獻身於任何有價值的目標，以幫助世界其餘眾生。這就像在受菩薩戒時所發的基本願。這也是使你變得非常柔軟的共法，如此一來，世界其餘眾生就能借用你這個修行基地來得到法喜。

①大乘觀點的傳統說法，意思是一切有情眾生都曾經當過我們的母親，所以應該無比敬愛地對待他們。

18 大乘往生法，五力重威儀。

修心第四要的第二句口訣談的是未來的死亡。死亡的問題非常重要。了證苦和無常的眞理，是了解整個佛法非常重要的第一步。我們所有人遲早都會死去。有些人很快就要死了，有些人可能稍後才會去世，但那不是放鬆的理由。

我想談談和死亡做朋友的概念。根據以自我爲導向的文化傳統，死亡被看成是失敗和攻擊。神造萬物論的教規試圖教我們培養永恆的感覺。但是佛教的基本傳統，尤其是大乘，教我們死亡是深思熟慮的行動。因爲我們已經出生了，我們必然會死去。那是非常明顯且合理的。但是除此之外，我們還可以和死亡做朋友，並且知道如何坦然地死去。

人通常想完全忽視死亡。如果你和某人說：「你明白你可能明天就會死嗎？」他會回答：「別傻了！我很好。」那是企圖避開自身根本醜陋的心態。但我們不需把死亡當成是最醜陋的情況；反之，它可以是把我們延續到來世的方法。這裡，我們把死亡看成一種邀請，它允許這個被視爲珍寶、稱爲身體的東西死去。我們刮鬍子、沖澡、泡澡、穿得相當漂亮，或有點漂亮。整體來說，我們試著把這個稱爲身體的寵物照顧得非常好。這就像養小狗，我們不要寵物死去。但這個稱爲身體的小寵物遲早都可能，都「將會」離我們而去。

因此首先，我們必須明白任何事都可能發生在任何一人身上。我們可能非常健康，但即使我們不會因爲健康不良而死，也可能因爲意外而死。我們可能因病、因各種不治之症而死，而且有時候我們死得莫名其妙。雖然我們的內外都沒有問題，但我們就是突然死去。我們一口氣吸不上來就當場暴斃。因此，重點是讓自己完全熟悉死亡。

你非常想活著，爲此，你這個也不能做，那個也不能做。你甚至不能安適地坐在蒲團上，因爲你對死亡的恐懼是那麼強烈，以至於認爲雙腳的血液循環可能會因爲打坐而中斷。你非常害怕死去，因此任何向你而來的攻擊，甚至是手指頭上的小小裂痕，都意味著死亡。因此，這個往生法不只是在談死亡來臨時你要如何死去，你還必須明白死亡永遠存在。

有一位修大乘往生法的噶當上師總是在睡覺前把他的水杯倒放在桌上。傳統上，那個意思是你將不會在家。你把杯子倒置，才不會髒掉，以此保持杯子的乾淨，他人才能使用。重點是那位上師總是認爲他當晚可能會死去，因此他把他的杯子倒放。你或許會認爲那樣的處理方式相當古怪，但是當你向某人道晚安時，你仍然應該三思一番。你不知道明天會不會見到他。如果你把死亡視爲災難，那種方法就會有點可怕。但如果你親切地向某人道晚安，那會是離開生命、離開身體的好方法。那樣結束生命是很幽默的，帶著光榮和詼諧的。你不需要充滿悔恨地死去；你可以快樂地死去。

跟上一句口訣一樣，這句口訣也跟精進波羅密有關。精進是感到法喜。如果你這一生盡力修行而且正處於臨終階段，那麼如果有人說：「看我這邊，要到達死亡的彼岸是很困難的；我可以幫你把插頭拔掉嗎？」你應該已經學會能夠回答：「好，當然。」以及「祝你有段美好的時光。」插頭拔掉了。

畢竟，死亡不是那麼恐怖的。只是我們實在很難開口談論死亡。現在的人談論性或看色情電影都沒有問題，但是處理死亡就有困難。我們非常難以啓齒。死亡對我們是件大事，但我們從來沒有眞正想要思惟死亡。我們忽視跟死亡有關的一切。我們比較喜歡慶祝生命，而不是準備死亡，或甚至慶祝死亡。

用香巴拉的話來說，拒絕談論死亡跟所謂的落日邏輯有關。落日的哲理是完全防止死亡的訊息。它跟如何打扮自己、美化身體，以變成行屍走肉有關。行屍走肉的概念某方面是矛盾的，但是就落日的角度來看，它就有道理了。如果我們不想死，我們的屍體必須長壽，它必須變成行屍走肉。

這句口訣跟落日邏輯或很多類似的觀點不同，它告訴我們重點是要明白死亡是修行的重要部分，因爲我們全都會死，而且無論如何我們都會有談到死亡的一天。這句口訣從修行的基本觀點來探討如何死亡。

大乘的往生法是五力，所以我們又要談到五力了。因爲五力的修法非常簡單，而且我們剛剛才討論過，所以我們不須深入細談。把五力應用在往生法上是很簡單和直接的。

第一「意志力」是採取非常堅定的態度：「即使是在我死去的時候，我也將維持基本的無我狀態、基本的清明意識。」你應專注於二重菩提心，一再對自己說：「在臨終中陰、法性中陰和受生中陰的時候，願我不離二重菩提心。」

第二「嫻熟力」是修持正念和覺察，才不會因爲死亡而驚恐。你應培養嫻熟力，一再提醒自己二重菩提心。

第三「善種力」是不中斷對死亡的恐懼，並且克服對財物的執著。

第四「破斥力」是了證這所謂的自我並非眞實存在。因此你可以說：「我究竟在怕什麼呢？自我，走開。」認出一切問題都是源於自我，一切死亡都是因爲自我，你就會逐漸厭惡自我並誓願克服它。

第五「願力」是了證自己有極大的力量與願望來持續修行和打開自己。因此，你死時心無懊悔。你已經完成所有可以完成的事了。你諸事已辦，你已成爲良好的修行人，也已完整地修持基本法門；你已明白止觀的意義，也明白菩提心的意義。如果可能的話，你應修持七支供養②。但如果不能的話，你應思惟：「願我生生世世都修持殊勝的菩提心。願我遇見教導菩提心的上師。三寶，請加持我圓滿那些發願。」

此外，另一個方法也很有趣。勝義的往生法只是把心安住於勝義菩提心的本性，亦即阿賴耶本性，並以此方式度過呼吸困難的臨終階段，直到眞正死去。

②七支供養是大乘的傳統儀軌文，由七個步驟組成：禮敬諸佛、供養諸佛、懺悔業障、隨喜功德、請轉法輪、請佛住世和普皆迴向。

【第五要】

修心的評估

第五要和禪定波羅密

修心的第五要跟禪定波羅密有關。基本上，禪定波羅密是指你可能已經開始發智慧燒了。因此，你開始培養強大的覺察和正念。修禪定，亦即正念和覺察，可以比喻爲保護你不被野獸的致命毒牙咬到。這些野獸跟我們經驗的煩惱有關。如果沒有修持禪定波羅密的正念和覺察，就無法保護自己免受攻擊，也沒有教導他人或幫助其他有情眾生解脫的工具。這種禪定的觀念貫穿修心的第五要。

19 諸法攝一要。

這裡的「法」跟哲學名相「法爾如是」的「法」無關；這裡的「法」只是「教法」的意思。我們可以說所有教法基本上都是馴伏或剝離自我的方式。馴伏自我的功課在我們心中有多麼鞏固，就會呈現多少眞實的當下。一切已教導的法都跟這個有關，沒有其他的法。尤其在佛法中，沒有其他的教法存在。

在這旅程中，我們可以把行者放在秤子上，以計量他誓願的輕重。那就像公正之秤，如果你的自我很重，你就會往下沉；如果你的自我很輕，你就會往上升。因此，摒棄個人的自我膨脹計畫和完成無我的開悟計畫，取決於你有多麼用力或開放。

不管是小乘還是大乘教法，都是一致的。它們的目的都只是在克服自我。否則，就完全沒有目的了。不管你讀到什麼佛經或論釋，它們都應該跟你的生命有關，你也應該了解它們是馴伏自我的方法。這也是神造萬物論和非神造萬物論的主要差異。神造萬物論的傳統傾向建立某種個體，好讓你踏出去修你自己所謂的菩薩行。但是非神造萬物論的佛教傳統談的是非有、無我，因此能夠實踐更廣大的菩薩行。

小乘馴伏自我的方法是應用止禪（正念）來切穿昏沉掉舉的心。止禪切穿自我的根本機制：自我必須提供很多潛意識的戲論和妄念來維持它自己。此外，觀禪（覺照）也能讓我們切穿自我。觀照整個外境，並把那種覺照帶入我們的基本修法，會讓我們變得較不自我中心，並且和周遭世界有更多的接觸，因此就比較不會以「我」和「我的」來論斷一切。

在大乘，當我們修持菩提心而開始明白菩薩行時，我們關心的就比較是溫馨和善巧。我們明白自己是沒什麼好執著的，所以每一次都可以佈施。這種慈悲的基礎是「完全」沒有領土的感覺、非我、無我。你有這樣的基礎，就會有慈悲。之後，更深一層的溫馨和柔順也會生起。「諸法攝一要」的意思是如果沒有我執，那麼諸法都是一味的，所有教法都是一味的。那就是慈悲。

爲了要慈心對人，你首先必須無我，否則你會變成自負狂，想光靠你的魅力、熱情或高傲來吸引他人。悲心是從空性或無我生起的，因爲你沒什麼好執著的，你不修而修，無住生心，沒有個人的得失，沒有暗藏的動機。因此，可以說你所做的都是清淨的事業，所以是悲智雙運。如同在海灘上曬太陽，一方面你有海洋天空等等美麗的視野，另一方面還有陽光、熱度和海水向你而來。

在小乘，自我的頭髮開始剪掉，鬍子刮掉。在大乘，自我的四肢被砍掉，所以不再有手腳。我們甚至開始切開自我的軀幹。我們修持勝義菩提心，就把自我的心也拿走了，因此一切皆蕩然無存。然後，我們試著利用斷肢殘骸和大量血水。我們以菩薩道應用它們而不丟棄。我們不想拿一堆剩下的自我來污染世界。反之，我們檢視和利用它們，以便帶它們進入佛法之道。因此，不管生命中發生什麼事，都會成爲衡量你在修道上進展多少的方法，亦即你能捨掉多少四肢、軀幹和心臟。那就是爲何這句口訣配合一句噶當派上師的格言：「自我的剝離是計量行者輕重的秤子。」如果你有較多的自我，你在那秤子上就會顯得比較重；如果你有較少的自我，就會比較輕。那就是在衡量你止和觀的功夫已經修到多深了，以及多少的非正念已經克服了。

20 二證取爲首。

在任何情況下都有兩個見證：他人對你的觀點和你對自己的觀點。兩者之中，首要的是你對自己的觀照。你不應只是隨順他人對你的意見。這句口訣的修法是永遠要對自己誠實。通常你在做某事時，你會希望從你的世界得到某種回饋。對於自己做得有多好，你有你的意見，也會得到他人的意見。通常你不會對別人說出你對自己的想法。首先你對某事有自己的看法，然後你開始擴大詢問他人的意見：「那樣可以嗎？你覺得我做得如何？」那是學生碰到老師時會提出的傳統問題。

在許多情況中，人們對你的印象非常深刻，因爲你看起來萬事順遂，笑口常開，而且似乎知道自己在做什麼，於是你得到很多稱讚。另一方面，你也可能得到很多批評，因爲他們不清楚你的心到底在想什麼。這句口訣說在兩個見證中，你要取主要的爲實際、眞實的；那就是你的見證。

你是唯一知道自己的人。你是唯一從出生就和自己在一起的人。你在出生前，甚至還隨身提著自己業力的大行李。你決定入某人的胎，你在某人的肚子中受生，你出生後仍然隨身提著你的行李。你有苦樂等一切感受。你是經驗孩提時期苦樂的人；你經歷了十幾歲時的苦與樂；你是正在經驗成年苦樂的人。你正開始經歷中年時期的苦與樂；最後，你將經驗老和死的苦與樂。你連一分鐘都沒有離開自己過。你太清楚自己了。因此，你是自己最好的裁判。你知道自己多麼不守規矩，你知道自己如何試著要明理，並且知道有時候你如何試著把東西偷進來。

通常「我」都在和「是」說話。「我是要做這個嗎？我是要做什麼頑皮的事嗎？如果我去做，也沒有人會知道。」只有「我們」知道。我們可以做了然後拍拍屁股走人。你總是和自己一起要許多把戲或實行許多計畫，希望沒有人會確實發現。如果你必須攤牌，那會非常丟臉。你會覺得很不習慣。當然另一方面，你也可能試著當個大好人，讓別人都深深受你和你的努力所感動。你可能試著當好男孩或好女孩。但如果你必須說出整個底細，沒有人會確實相信你努力當個多麼好的人。大家會認爲那只是個笑話。

只有你眞正知道你自己。你每一刻都知道自己。你知道你的做事方法：你刷牙、梳頭、洗澡、穿衣、與人說話和吃東西的方式，即使你不是很餓。你在做上述的事情時，「我」和「是」仍然繼續對每件事品頭論足。你心裡隨時都在嘀嘀咕咕。因此，爲首的見證，或是主要的裁判，是你自己。審查你修心進步如何的，是你的見證。

你最知道你自己了，所以你應該一直觀照自己。這是基於信任自己的智慧，而不是信任可能非常自私的自己。你知道你是誰，你在做什麼，這就是信任自己的智慧。你太清楚自己了，所以能拆穿任何騙局。如果某人恭賀或誇獎你，他們可能不知道你的整個底細。因此，你應該回到自己的批判，回到你對自己表現方式的感覺，還有你對他人和自己玩的把戲。那不是以自我爲中心，而是從無我的觀點來啓發自己。你只見證你在做什麼。你只是見證和評估自己的修行功夫，而不用榮格或佛洛伊德的方式回顧整件事情。

21 恆持歡喜心。

這句口訣的重點是一直維持歡喜滿足的心。意思是每個惡緣都是好的，因爲它激勵你修法。別人的惡緣也是好的，你應該分擔並承受它們，當作是別人修行的延續。所以你的修持也應該包含承受他人的痛苦。其實那種感覺是很好的。

就我而言，我確實有歡喜心。當你有歡喜心時，你會心情極佳，快樂無比。當時，我猜我轉信佛教了。雖然我沒有在汽車保險桿上貼「耶穌拯救了我」的貼紙，但我在心中貼：「我很高興我的自我已經轉信佛教了，並且大家已經接受和明白我是佛教市民，是慈悲的人了。」我一直感到非常好和很有福報。有那種感覺一定是因爲我學佛修行而感到心志堅強和受到加持。事實上，我開始覺得如果我心中沒有那種加持力，修習金剛乘就會碰到許多困難。我滿心感恩、滿心歡喜。因此，這句口訣的意思是維持滿足和歡喜的心，儘管我們一生有種種小問題和困擾。

這句口訣和前一句（「二證取爲首」）是相連的。如果你在猶太基督教傳統的教規中長大，就純粹是以罪惡感來觀照自己。但這裡並非那樣。我們的邏輯中並沒有承認、了解或是呈現類似原罪的概念。從我們的觀點來看，你基本上不是有罪的。你的不守規矩不見得被視爲你的問題，儘管顯然可以如此見證到。你根本上不是有罪的。你暫時的不規矩只是來自暫時的問題。因此，這句口訣緊接著說：「恆持歡喜心。」心是歡喜的，因爲你不須爲任何不幸的情況或突然的好轉感到吃驚。反之，你可以一直維持歡喜心。

首先，你因爲已經在修行道上，所以能維持歡喜心；你確實在修行。當多數眾生不知該怎麼提升自己時，至少你有點頭緒，這眞是太好了。如果你踏入布魯克林區或加爾各答市的黑洞，就會明白修行是不可思議的。一般而言，人根本不會想到修行這回事。修行是不可思議的。如果有人甚至想過要修行，你應該感到無比的興奮和美妙。

從那個觀點來看，每當你沮喪，每當你覺得環境不足以讓你振奮，或覺得你沒有得到修行所需的那種回饋時，你就可以生起歡喜心。意思是不管是雨天、暴風天、晴天、大熱天或是寒天，不管你是飢餓、口渴、飽腹還是重病，你都可以維持歡喜心。

我不認爲我必須多做解釋。總之，有個基本的歡喜心能使你醒來。

歡喜心的力量很強。我們可以說這句口訣旨在如何確實地一心繫念大乘修法。你可能會生氣某人幹的好事，生氣他把他的燙手山芋丟給了你，並且破壞了整個環境。但是在這裡，你不怪罪此人，你怪自己。怪自己是快樂的事情。你開始以非常歡喜的心面對整件事情。因此你正在超越「唉！眞糟糕」，正在脫離布魯克林，這是隱喻。你可以那麼做。那是可能的。

這種歡喜心是很有膽量的。它是在佛性、如來藏中建立的。它是在已經責怪自己且超越哀嘆的人所生起的基本慈悲中建立的，比如觀世音菩薩、文殊師利菩薩、蔣貢康楚大師、密勒日巴尊者和馬爾巴大師等等。因此我們也做得到。歡喜心是建立在眞實情況上的。

如果有人揍你的嘴巴並且說：「你很討厭。」你應該感恩他確實承認有你這個人並且這麼說出來。事實上，你可以極有尊嚴地回答：「謝謝你的關心。」這麼一來，他的煩惱就被你接受了，就跟施受法差不多。這裡的犧牲很大。如果你認爲這虛幻到很荒唐，你是對的。就某方面而言，這整個的確虛幻到很荒唐。但如果沒有人開始注入和諧的氣氛，我們就完全無法發展健全的世界。總得有人播下種子，好讓這片土地變得健全。

22 散能住即成。

在日常生活中，我們有各種情形必須處理，甚至是我們沒有意識到的狀態；但我們不是特別擔心我們的存在，而是比較關心自己的煩惱和遊戲。我們一處於非常緊張不安的狀態，就不會覺察。但有的時候，我們也可以立刻覺察。傳統上，我們把生起的任何煩惱都當成是向佛菩薩的大聲求救、求加持，或是祈禱。在日常生活中，還有在神造萬物論的傳統中，每次突然發生什麼事情時，我們會說：「天哪！你看看。」或發出神佛菩薩的名號。傳統上，那是提醒你要覺察了。但現在我們從不把它當成提醒，我們只是以最可恥的方式使用發誓的字眼。

這句口訣的意思是明白每當有尋常或不尋常的情況發生時——滾水溢出來了、牛排烤成木炭了，或是我們突然腳一滑且手一鬆——應該立即記得覺察。蔣貢康楚大師的論釋講到一匹受過良好訓練且強壯的馬失了足，但是又立刻站穩腳步。佛經上談到菩薩的行動就像是訓練有素的運動員的動作，當他在滑溜溜的地面上滑了一下，但是在滑倒的過程中，他利用滑倒產生的力量而恢復平衡。我猜滑雪也是同樣的道理，你利用下滑的力量而讓自己在雪上往下滑——突然你心一專注，抓到了重心。

因此，每當你突然瞥見自己忘失正念，或因此而突然一驚時，你就可以借著忘失正念的恐懼而提起正念。爲此，你需要有出離心。這不是沙文主義的修行旅程，不是認爲你不可思議地強大有力，並且隨時都會提起正念。但是當什麼打到你時（這是不正念的結果），突然那種不正念就會自動提醒你。因此，可以說你確實回到軌道上，能夠掌控你的生活了。

我們開始明白儘管妄念紛飛，其實還是可以修行的。很抱歉我以前很霸道，讓我舉個例子。我在蘇芒寺的好上師和行政人員把我推到黑暗的角落時，總是傷得十分嚴重，心裡感到很沮喪。當我更懊悔、更傷心、更無助時（但那是小心翼翼的無助、刻意的無助），我總是想到我的根本上師蔣貢康楚並且一邊哭泣。他離開蘇芒寺之後，我還是繼續想他，而他也確實發揮效用，讓我振作起來。我總是試著以金剛乘的方式表達我的恭敬心；我會跟我所有的侍者說：「出去！我現在不需要喝茶休息；我要看書。」然後我會躺回去哭個三十分鐘或四十五分鐘。然後有人就會跳起來。我的侍者變得非常擔心，以爲我生病還是怎麼樣了。我會說：「叫他們回去。走開。不要再給我茶了。」

但有時候，我發覺那種方法不是很有效，發現介紹金剛乘恭敬心的時機未到，因爲我們沒有足夠的基本修持。所以我發展新的策略，與這句口訣完全一致。只要有任何問題或煩惱，我就會在拜訪蔣貢康楚上師時告訴他。當我回來時，我就開始用新的方法。每當出現什麼煩惱或問題時，或甚至發生好事或舉辦慶典時，亦即只要有「任何事情」發生，我就只是反觀自心，並且憶念上師、修行道和修法。我開始能夠感到自己在覺察，立刻、直接的覺察。這種覺察不見得是因爲憶念蔣貢康楚；它只是因爲你妄念紛飛，而妄念紛飛的過程把你帶回正念覺察。那就是這句口訣的意思。比如你擅長騎馬，你可能一邊騎一邊打妄想，但你不會從馬上摔下來。換言之，即使你正在打妄想，但如果打妄想的過程能把你帶回來，就表示你修行有成了。

這個意思是你已經受過訓練了，所以你繼續修行是不會有任何問題的。當樂緣或苦緣打擊你時，你不會成爲它們的奴隸。你已經學會如何立刻修施受法或菩提心，因此你完全不受極樂和極苦的支配。當你碰到某個情況時，那個情況會影響你的情緒和心境。但就是因爲那種震動，情況才會突然變成你的覺察和正念。它向你而來，因此你這邊較不需要努力迎向它。你不須努力保護、了解或警覺。這不表示你應該放棄修行，以爲正念覺察會一直向你而來。你當然需要修持基本的止和觀，也要完全警覺。

但那種警覺可以是你的根本心境，它跟禪定波羅密有關。

我們在第五要的討論是相當直接的。重點是不要讓自己被煩惱的毒牙弄傷了。方法是明白「諸法攝一要」，也就是馴伏自我。那是計量修行者輕重的秤子。「二證取爲首」的意思是以你對自己做得如何的判斷爲開始。「恆持歡喜心」的意思是有歡喜的感覺。因爲你沒有落入苦行的極端，你可以經驗到歡喜心，尤其當極惡或極樂的境界來臨時。修行有成的表徵是即使散亂也能修行。

如果你修持上述的某些方法，我確信要在這個世紀成就數以千計的佛菩薩是不會有任何問題的！

【第六要】

修心誡

第六要和智慧波羅密

跟修心第六要有關的是智慧波羅密。第六要的口訣皆旨在磨利你的智慧，以便斬斷自己的無明煩惱。那就是智慧劍的意思。智慧被認爲是砍斷我執的劍。在大乘的修法中，砍斷我執的方式基本上跟觀禪相同，也就是覺知外在世界和你的生命。覺知跟你的整個生命有關，尤其是下座後的經驗。

不管生活中發生什麼事，都要以智慧觀照；智慧能打破習氣，斬除煩惱種子。要能應用那種強大的正念和覺照，就要在菩薩道上培養正定。有了止和觀的幫助，你學會把自己當成大乘行者來修持，亦即處於慈悲、開放和溫柔的狀態。

另一方面，你也處於無我的狀態。你不執著，不住於跟自我有關的一切。這時，修心法本教導的修行都開始充滿你的生活，開始顯露出來。你了證沒有一個「我」爲觀修的對象，因此也沒有「我是」來延伸自己的存在。因此，你能夠自他交換。首先，你變得能夠犧牲自己而能克服障礙。之後，你就可以和世界其餘眾生結緣了。如此一來，你學會利用智慧劍來處理修行道上碰到的任何境界。

23 恆守三基則。

這句口訣總述了以三乘的三基則來修持佛法的方式。它旨在同時保持三乘的修法——小乘的止觀，大乘的慈悲和金剛乘的瘋狂智慧。

我們可能開始舉止瘋狂，這個方式在任何傳統皆無根據。我們也漠視其他傳統的尊嚴，把建立在這種宗教傳統上的整個社會結構都破壞掉。那是不應該發生的。我們其實能脫離這些無明的行動。以自己的安適和愉悅作為修行基礎是最危險的事情之一。我們把每個環節都扣上了：論點想出來了，要引用的文句也按時摘錄出來了，文法和用字也選好了——但是什麼都準備好之後，我們卻不願放棄自我。我們有某種根據地可以依靠，而且我們不想放棄最神聖和秘密的財物。那會變得有問題；我們沒有確實且正確地走在修行道上。法本上說不應該在快樂的基礎上曲解法義，這裡是指視萬法爲眞。

我們也說這三個基本原則是：一、守二戒；二、不狂放；三、修忍辱。

第一是完全遵守皈依戒和菩薩戒。這點相當直接。

第二是不狂放。當你開始修心時，你要明白你完全不應該爲自己著想；因此，你試著以自我犧牲的方式來行動。但是你企圖表現無我經常會變成愛現。你讓自己被抓去關或釘在十字架上。你展現無私的行動是因爲你的信念（你在這裡所謂的信念），但你的行動仍是基於你「想」當個正派人士。你可能一時興起而做出什麼，或是變得非常瘋狂，把自己投入各種無私的愛現活動中，如長時間絕食，或以修菩薩行爲名躺在街上。我們許多美國朋友就曾經做過那些事。然而，我們應該視那種方法爲純粹的愛現，而不是菩薩行的成就。

第三是修忍辱。通常我們對忍辱有很多誤解。也就是說，你可以寬待自己的朋友，卻不能容忍你的敵人；你對你試圖栽培的人或門徒可以有耐心，但是對門徒主義之外的人卻氣急敗壞。那種極端其實是一種對個人的狂熱，是你對自己的崇拜，這不是那麼好的想法。事實上，這一點都「不」好。

你因為有智慧而明白自己是多麼努力要成就什麼。修心和修施受法小有成就之後，你可能會開始覺得向外發展和成為領袖或英雄的時候到了。但是你要觀照到那個念頭。這也是修行的基本重點。這跟智慧波羅密有關：因為你開始區別你是誰、你是什麼和你在做什麼，所以你一直觀照所有的念頭。

24 轉心仍自然。

我們的心一般總是想先保護自己的領土。我們想保存自己的根據地，其他之後再談。這句口訣的重點是反轉那樣的心態，以便確實先想到他人，之後才想到自己。這非常簡單和直接。你通常練習溫柔地對待自己，冷硬地對待他人。如果外面有什麼你想要的，你會差遣別人去幫你拿，而不是自己出去拿。因此這句口訣對治你向他人頤指氣使的企圖心。你也貪圖輕鬆。比如你不洗碗，希望別人會洗。轉變你的心態意指整個反轉你的心——你不叫別人做，而是自己做。

然後口訣說「仍自然」，這有放鬆的意味。它的意思是馴伏你的基本生命、完全馴伏你的心，你才不會一直任意驅使他人。你反而藉機會責怪自己。

我們是在談轉變珍愛自己的心。你不珍愛自己，而是珍愛他人——然後你放鬆就好。就這樣。非常不花腦筋。

25 不應說殘肢。

因爲你的傲慢和瞋心，你比較喜歡談論他人的缺陷以提高自己。這句口訣的重點是「不」以他人的缺陷或殘肢爲樂。「殘肢」就是字面上的意思，指人的心理或生理狀態，如盲、啞或遲鈍。它是指一個人可能具有的各種生理缺陷。這似乎是基督教早已設立的一般倫理觀，不該因爲一個人的生理缺陷而譴責他，卻要視每個人爲一個人。無論如何，我們一般不會那麼做。

這句口訣不是說要以嚴格的道德觀來看待事情，而只是明白如果一個人在處理生活方面有困難，我們不必對此品頭論足而把事情誇大。我們可以只是和那個人的問題同行。如果有人大驚小怪並且誇張他所碰到的境界或人物，不要認爲他顯露醜陋的一面。那只是他回應事情的一般方式，他一直是這樣的。

26 勿思他人非。

這句口訣的「思他人非」是指責他人的小過錯或挑他們的小毛病。我們一般有如下的問題：當某人給我們帶來壞處或是冒犯我們時，我們會一直嘮叨那件事。我們想對付他，想確信那個人的問題會遭到攻擊，會無法改善。比如你在施受法上下了苦功，所以你生起了極大的傲慢心。你覺得你經歷了一番寒徹骨，而這番努力讓你成爲有價值的人。因此當你碰到某人成就不如你時，你就是想讓他自慚形穢。這句口訣非常簡單：不要那麼做。

我不認爲這句口訣和前一句有很大的差別；它們基本上是在講同樣的事。兩句口訣都非常簡單和直接。所有的口訣都是修行道上迎面而來的提醒標誌——不是特別在說交通號誌，而是提醒。每次你碰到某個提醒標誌時，全體口訣就變得更有意義。

27 先淨重煩惱。

你應該先對治你最大的障礙，不管是瞋、貪、慢，還是忌妒等等。你不應該只是說：「我先再多坐一會兒，那個等一下再處理。」淨除最重的煩惱是指處理你最顯著的經驗或問題。你不只要處理雞糞，還要處理雞本身。

如果哲學上、形而上、詩意上、藝術上或技術上的障礙跟我們的煩惱有關，我們應該先把那些障礙提出來，而不是最後才正視它們。當我們碰到障礙時，我們應該對治它。所有的法門都應該用來馴服障礙，但同時我們也不應該試圖得到什麼結果。因此重點是淨除和對治生起的重煩惱，而不視它們爲垃圾。我們只是直接了當地對治心中生起的任何重煩惱或問題。

28 斷一切果求。

這句口訣的意思是你不應該奢求用修行來變成世界最偉大的人。尤其你可能因爲修心而迫不及待地要成爲更好的人。你可能希望崇拜你的門徒或朋友會更常邀請你去小俱樂部或聚會。重點是你必須放棄任何這樣的可能性，否則你可能會變成自負狂。換言之，你要收弟子還太早了。

修持口訣的意思不是做幫人消災解難等小聰明之事，以求靈光乍現或成就什麼。你可能因爲一場演講而一夕成名，或已成爲有能力征服他人煩惱的心理學家，或是寫了幾本書的大文豪，或是灌了幾張專輯的名樂家。這些成就多多少少是基於你念念分明地處在當下。但你想以你的方式征服世界，不管那個企圖心有多麼微細和多不光明。

你要同樣的把戲，希望證得開悟。你已經採用專業的手法和成爲專業的成功者，因此你可能以同樣的方式修行，認爲你確實可以誘騙心中的佛性並偷偷證得開悟。這個問題就是這句口訣所說的。蔣貢康楚大師的論釋說，對此生之幸福、快樂、名聲、智慧或來世光榮解脫的任何希求，都可以當成問題。

29 捨棄毒食物。

如果修持無我只是開始變成另一個建立自我的方式（以放棄自我來打造自我），就如吃毒食一般；那樣修持是不會有效果的。事實上，它不會讓你的心永遠覺醒，而是提供你死亡，因爲你執著自我。因此，如果你坐禪、下座後修持或修其他任何法門的理由是增強自我，就會像是吃毒食物。「如果我好好打坐，嚴格守戒，精進無比，我就會成爲最好的禪修者。」那是有毒的心態。

這對我們是個非常強有力的口訣。它的意思是不管我們怎麼修，如果都執著要有所得，就是在吃毒食物。那種心態稱爲「修行的唯物主義」——自讚毀他，並且想破除他人的錯誤或邪惡，因爲我們在上帝這一邊。這種毒食物可能賞心悅目地呈現在我們面前，但是當我們開始要大快朵頤時，它卻發出陣陣惡臭。

30 莫冤冤相報。

這句口訣的直譯是「不要始終如一」，但它的意思比較是「不要那麼善良和忠實，那麼憨直」。也就是說，世上一般人對於自己跟敵和友之間的關係，以及自己欠了多少人情債，是會有些了解的。這全都是一筆筆銘記在心的。同理，當有人把痛苦加諸於你時，你也是耿耿於懷，歷久不忘，懷恨在心的。你最終還是會想反擊的，因爲你念念不忘他十幾二十年前對你的侮辱。

這句口訣有另一個有趣的詮釋。首先，我們以值得信賴的朋友作爲比喻。有些人是可以信賴的，是傳統的，或許你可以說是老式的。當你和那樣的人做朋友時，他們永遠記得這段友誼，並且你們之間的信任持續良久。在這個例子中，你「應該」永遠記得你們之間的緣份。但如果有人惡劣對待你，或是你和某人有很多衝突，你不應該一直對他心懷怨恨。這裡的重點是你「不」應該永遠記得他人和你結的惡緣。這句口訣有點令人困惑，但重點是完全放棄久藏於心的對立。

通常我們什麼都是一報還一報的。當我們碰到什麼好事時，比如有人帶給我們一瓶香檳，我們總是想用什麼來回報那片好意，比如邀請他們共進晚餐，或是誇幾句好話。壞事情發生時，我們也是一報還一報。慢慢地，我們由此建立了社會。

當某人就要傷害我們時，我們通常會等待，直到他確實攻擊我們和對我們不好。我們等著那個人開打筆戰，然後我們就樹立敵人了。那種方法不適當。正確方法是要立刻和他做朋友，而不是等著挨打。你不是等著某人造惡業或承認他對你的瞋恨，而是要立刻且直接和他溝通。因此你是直接溝通，而不是等著應用戰略。這就是論釋所說的，也是我們現階段要修持的。

31 不惡語傷人。

你想藉著誹謗來歸咎他人。不管你裹著的糖衣和冰淇淋有多麼賞心悅目，你心底還是想把他們壓下去，想報復他們。誹謗他人是基於炫耀自己的美德。你認爲你的美德只有在他人矮一截、美德不如你時才得以彰顯。在研讀佛法和實際修持上也都會發生這種情形。你可能修行功夫較好而說：「某人修止的功夫不如我。」或「某人知道的佛學名相比我少。」根本上，這些都是在說：「那個人很笨，我比他優秀。」我認爲這句口訣非常直接。

32 不伺機報復。

直接從藏文翻譯這句口訣，就是「不埋伏」，亦即等待某人跌倒好攻擊他。你正等著那個人落入你期望的陷阱或問題。你要他們碰到那種不幸，而且你希望那災難發生的方式能讓你發動攻擊。

如果你和某人意見不合，你通常不會立刻攻擊他，因爲你不想處於弱勢。反之，你等著他崩潰，然後你攻擊他。有時候，你假裝是他的顧問，並且在那種僞裝下攻擊他，指出他是如何悲慘。你會說：「我一直在等著要跟你說。現在你一敗塗地，我要藉這機會跟你說你的狀況不是很好。我的情況比你好多了。」那是一種機會主義，是土匪的方法，也就是伺機報復的意思，這種情況相當常見。

33 不可傷其要。

不要把你不滿、痛苦和悲慘的感覺歸咎他人，也不要耍權力。不管你擁有什麼權力：家庭權力、文學權力或政治權力，都不要施加於他人。

這句口訣的意思也是不要羞辱他人。整個菩薩心的重點是鼓舞他人繼續在道上修行。使你在修行道上的進展遠快於他人，可以有各種互動方式。你有方法慢下他人的修行腳步，以便遙遙領先。但是在這句口訣中，你不那麼做，而是反方向來修——你隨後而來。

34 公牛之重擔，勿移母牛上。

「那不是我的錯，那全是你的錯，那總是你的錯。」那麼說很容易，但是有問題。一個人必須親自地、誠實地和眞誠地想想自己的問題。如果沒有「你」引發事情，就完全不會有任何問題。但因爲你存在，所以問題也會存在。我們不要轉移那個重擔。

公牛有能力負重，母牛則較沒辦法。因此，這句口訣的重點是你不把自己的重擔移到較弱的人身上。把公牛的重擔移到母牛上的意思是任何事都不想獨自處理。你不想承擔任何責任；你只是把它們丟給秘書、朋友或任何你可以使喚的人。在英文中，我們說這是「推卸責任」。那麼做不好，因爲我們理當減少混亂和整個娑婆世界的運輸量。我們理當減少行政問題，並且要試著解決事情。我們可以請他人當助手，但我們不能把責任推給他們。所以不要把公牛的重擔移到母牛上。

35 不要想爭先。

當行者開始培養對法的了解和體會時，他們有時候會落入一種賽馬的心態。他們比賽誰最快：誰能了解大手印的最高意義、密續的最大意義、勝義菩提心的最高概念，或是誰已經了解任何深密的教法。這種行者在意的是誰能把大禮拜做得比較快，誰打坐得比較好，誰能吃得比較好，誰能把這個和那個做得比較好。他們總是想和他人賽跑。但如果我們純粹把修行當成賽跑，我們就有問題了。修行已經變成遊戲，而不是實際的修持，並且行者心中沒有善念和溫柔的種子。因此你不應該把修行當成是領先其他同學的方法。這句口訣的重點是不要想藉著修行來得到名聲、榮譽或殊榮。

36 不另有所圖。

另有所圖的意思是：因爲你認爲你無論如何都會得到最好的，所以你倒也可以自願承擔最糟的。那是很不光明的。你在跟老師、學生打交道時，或處理生活情境等等時，你都可以另有所圖。你可以假裝一片善意，總是接受責備，而你始終都明白你會得到最好的。我認爲這句口訣相當直接。

另有所圖是一種修行的唯物主義。你的暗藏動機永遠是利益自己。比如爲了得到好果報，你可能會暫時爲某事接受責備。或是你非常精進地修施受法，以便從中得到什麼好處，或想保護自己免於生病。這句口訣的修法是放掉那種從修行中尋找個人利益的心態，不管是立即或長遠的好果報。

37 勿使天成魔。

這句口訣是指我們一般容易執著痛苦，並且一生抱怨個不停。我們不應該把原本令人喜悅的事情變成痛苦的。

這時，你可能在馴伏自我方面已經達到某種程度了。你可能已經修成自他交換的施受法，並且感到你的成就是眞實的。但同時，你因爲這一切而變得非常自大，使得你的成就開始變成惡念，因爲你認爲你可以賣弄一番。如此一來，法就變成了非法。

雖然你的成就可能是如法的，而且你也確實有很好的體驗，但如果你認爲那是證明自己和建立自我的方式，就不是很好了。

38 勿求他人苦，爲己樂之肢。

這句口訣相當直接，你希望他人受苦，好讓你從中獲利。這裡有個非常簡單的比喻：如果僧團中有一僧人往生，你可能會繼承他的蒲團，或如果你是金剛乘行者，你可能會繼承他的金剛鈴和杵。我們可以舉出無數的情況來闡述這個邏輯，但我覺得沒有必要。

我們不應該把自己的快樂建立在他人的痛苦上。雖然某人遭遇不幸可能會利益我們，但我們不應該如此期望，或夢想能因此而得到什麼。建立在痛苦之上的快樂是假的，而且最終只會導致沮喪。

【第七要】

修心的準則

第七要和下座後的修持

修心準則的要旨是如何在每日生活中繼續前進。這個主題是關於大致了解如何在待人處世上與下座之後有威儀。

39 一心成諸行。

一心是永遠對他人有溫柔心和幫助的意願。那是菩薩戒的根本。不管你在做什麼，坐、行、食、飲或甚至睡，你都應該一直採取利益所有眾生的心態。

40 一心正諸錯。

當你正處於逆境時，如重病、惡名、打官司、經濟或家庭危機、煩惱增加或抗拒修行時，你應該爲同受此苦的所有眾生培養悲心，而且你應該發願修施受法來承擔他們的痛苦。

我們的一切錯誤都需要改正，一切惡緣都需要克服。每當我們否定或是不想再修行等等逆境或問題發生時，我們就要克服它們。換言之，如果你碰到順境時修行就變得好，但你碰到逆境時就把修行忘得一乾二淨，那是不對的。反之，不管是順境還是逆境，你都要繼續修行。

改正所有錯誤的意思是用力踩煩惱。每當你不想修行時，就用力踩它，然後修行。每當有任何讓你不想修行的逆境發生時，就用力踩它。在這句口訣中，你刻意地、立即地和非常猛然地壓制煩惱。

41 始末修二事。

這句口訣的重點是以二重菩提心來開始和結束一天。一早起來，你應該要記起菩提心，並且決心憶持不忘；在一天結束時，你應該檢視你做了什麼。如果你還沒忘記二重菩提心，你應該歡喜，並且發誓明天也要決心憶持不忘。如果你忘記了菩提心，就應該發誓明天要再次生起。

這句口訣非常簡單。它意指你的生命被你的兩個誓願夾成三明治：以他人爲重和修持二重菩提心。你早上起來時，亦即你一醒來、要開始一天的活動時，你答應自己要修持二重菩提心，並且要對自己和他人溫柔相待。你答應不歸咎世界和其他眾生，並且要承受他們的痛苦。當你睡覺時，你也要這麼做。如此一來，你的睡眠和隔天都會受到那個誓願的影響。這句相當直接。

42 二境皆應忍。

不管發生的是順境還是逆境，不管你碰到什麼情況，你都不應該動搖，而要持續安忍和修行。不管你是處於極樂還是極苦之中，你都應該安忍。你應該視極苦爲過去業力的果報。因此，不需要悔恨不已。反之，你只應該試著淨除任何業障。極樂也是過去業力的果報，因此沒有理由沉溺其中。你應該把任何財富用來佈施做善事，並且決心以個人的權威和勢力來善行。

當學生碰到干擾或問題時，他們很常失去觀照能力，並且試圖在法上尋找某種代罪羔羊。比如他們因為自己的修行功夫不好而生起各種藉口，修法的環境不對，同參道友不對，道場的組織不對。各種抱怨開始出現，甚至再度躲入不如法的圈子中，回到他們的存在受承認的地方。這句口訣的意思是要修和持，所以不管是順境還是逆境，你仍安住在法上。重點是要安忍，意思是慢慢來和容忍。

43 捨命護二戒。

你應該持守你所受的戒，特別是皈依戒和菩薩戒。你應維持正信佛教徒遵守的正命，此外，還要修持殊勝的修心法門。修心法門應該成為你生活中非常重要的部分。

對密續行者來說，這句口訣的意思是在此生和來世，你都應該持守三乘戒律。這包括共三昧耶（一切法門）和別三昧耶（修心）。你應永遠持守那個誓約，即使犧牲性命也在所不惜。

44 三難中修行。

這三個困難跟我們如何對治煩惱有關。第一難是明白在哪個情況下我們被自己的情緒煩惱給耍了。你必須觀看和了解那個詭計，這很難做到。第二難是驅散或淨除我們的情緒。第三難是砍斷情緒的相續。換言之，剛開始要認出你的煩惱是很困難的；之後要制服它們很困難；第三，要切穿它們也非常困難。那就是三難。

當煩惱生起時，你首先必須認出它是煩惱。之後你必須應用技巧或對治法來制伏它。因爲煩惱基本上是從自私、過於重視自己而來的，所以對治法是你必須切穿自我。最後，你必須決心不跟隨煩惱，或是一直被它吸引過去。這有立斷煩惱的意思。

我們總共有六類。三個困難是：一、難覺煩惱；二、難制；三、難斷。你應該：

一、認出煩惱；二、試圖制伏它們；三、發誓永遠不再創造煩惱。

煩惱時，要生起菩薩心或任何菩薩大願是非常困難的。因此，口訣說：「三難中修行。」但如果你願意練習修心法門，你的心就會完全受到訓練，並且薰習菩薩的思惟方式。修心的西藏音是「lojong」，事實上，它的字面意思是「薰習」：「lo」是「心」的意思，「jong」是「清除」或「訓練」的意思。重點是要薰習自己，你才不會忘失那磐石似的本性、佛性、菩提心或如來藏。

45 取三主要因。

「因」是指促使你成為如法行者或菩薩的原因，共有三項：一、遇良師。二、身和心如法修持。三、具足修法的食住。你應試著維持那三個情況，並且歡喜自己有如此機緣。

取第一主因是明白老師的必要，因為他確實讓你進入狀況。

取第二主因是明白自心應該馴伏。比如你的心可能投入一場商業交易、教學計畫、著書計畫，或爲自己製造可笑的重大經驗。你可能有各種生涯規劃。那在蔣貢康楚大師論釋修心口訣的時代並非那麼顯著，但是今日我們有更多的選擇。你可能以爲變成偉大的佛教徒、大菩薩、大作家、名娼妓或是一級棒的推銷員，你就可以獵捕動物。但是那種心態，那種企圖心，並沒有那麼好。反之，你必須到達你的心會說「我想全心修行」的程度。

取第三主因是明白修法是可能的，因爲你有順緣，因爲你對你的生命一直採取開放的心態，並且已經打拼出某種生計。你衣、食、住無缺，並且經濟能夠支持你修行。

因此，你應該修取這三個主因：一、親近良師。二、修心。三、建立修行的經濟基礎。

46 修三不退失。

第一是不該退失對善知識的恭敬心。你對善知識尊敬、奉獻和感恩的心都不應該減少。第二是不該退失對修心法門的歡喜心。你對於得到如此教法的感恩不應該減少。第三是不該退失你持守的大小乘戒律。你對大小乘戒律的持守不應該減少。

這句口訣是嚴謹的。這時，也就是修持大乘法門時，提起基本力量是非常必要的。我們不只是自在無憂的人，我們的心也是有基本力量、基本能量的。

47 具三不捨離。

你應該全心且完整地修持修心法門。你的身、語、意都應該不捨離修心法門。

48 於境不偏修。遍深習要緊。

修心法門包括每個人和每件事。重點是在修持時，要徹底和無分別，完全不排除任何生起的念頭。

49 於怨敵恆修。

永遠要對最困難的事修行。如果你不立刻開始修，困境一生起就很難克服它了。

50 不被外緣轉。

雖然外緣可能千差萬別，但你的修持不應該依賴它們。不管你是生病還是健康，有錢或是貧窮，名聲遠播或是惡名昭彰，你都應該修心。方法很簡單：順境呼出去，逆境吸進來。

51 今當修要點。

「今」是指今生。你已浪費了許多前世，並且你來世可能沒有機會修行。但是現在，你聽聞過佛法，你要修行。因此，你應該修持要點，不再浪費更多時間。

要點有三：一、他人的利益重於自己；二、修持上師所傳之法重於研究；三、修持菩提心重於任何其他法門。

52 勿作顛倒知。

修行時，你可能會有六種曲解或顛倒：忍顛倒、欲顛倒、樂顛倒、悲顛倒、首務顛倒和喜顛倒。對生活的一切皆能忍受，卻不能安忍在修法上，就是忍顛倒。培養對世間樂和財富的欲望，卻不增長善法欲，是欲顛倒。因財富和娛樂而高興，卻不因爲修習佛法而快樂，就是樂顛倒。悲憫爲了修法而飽受艱苦的人，卻對作惡者漠不關心和不生悲心，就是悲顛倒。因爲自利之心而勤做利己之事，卻不修法，是首務顛倒。當敵人受苦時你幸災樂禍，卻不因善行和解脫生死而法喜充滿，是喜顛倒。你應完全停止這六種顛倒。

53 心不應動搖。

你不應該動搖你精勤修行的心。如果你一曝十寒，就不會對法生起確信之心。因此，不要想太多。一心專注於修心法門就好。

54 應全心修持。

全心信任你自己和你的修法。純粹修持修心法門，一心不亂。

55 觀察令解脫。

觀察自心就好。你觀和察，就應該會解脫煩惱和我執。然後你就可以修心了。

56 不陷入自憐。

不要爲自己感到難過。如果他人成功或繼承一百萬，不要浪費時間打負面的妄想，因爲那不是你。

57 不應生妒心。

如果他人得到讚美而你沒有，不要嫉妒。

58 不輕現喜怒。

朋友成功了，不要輕易露出嫉妒的樣子。如果熟人的新領帶或新衣是你喜歡的，不要任性地在他面前指出東西的缺點：「那是很好看沒錯，但上面有個汙點。」那只會惹毛他，而且對於他或你的修行都沒有助益。

59 不期待讚揚。

不要期待他人誇讚你或向你敬酒。不要指望自己的善行或道行得到稱讚。

結頌

五濁惡世現起時，
此法轉彼爲覺道。
口傳教授甘露華，
金洲大師所傳承。

往昔修業已喚醒，
至誠之心驅使我，
不顧災苦與誹謗，
受得伏我執口傳。
即便今死亦無悔。

（這兩首偈頌是《修心七要根本法本》的作者切喀瓦格西所作的結論。）

【附錄】《菩薩律儀四十六輕戒》

三十四障善法戒

障佈施波羅密戒

障財佈施戒

1. 不供三寶戒
2. 貪著利養戒

障無畏施戒

3. 不敬宿德同學戒
4. 不答問戒

障他佈施戒

5. 不受檀越供施戒

6. 不受重寶施戒

障法施戒

7. 不對求者說法戒

障持戒波羅密戒

障利他戒

1. 不與犯戒者往來戒

2. 不學法以啓發他人信心戒

3. 利他不盡力戒

4. 心懷慈悲、情況需要且應行惡時，卻不行惡戒

障自利戒

5. 味邪命法戒

6. 掉動遊戲戒

7. 貪執而繼續輪迴戒

障自利利他戒

8. 不護雪譏謗戒

9. 不控制煩惱戒

障忍辱波羅密戒

1. 報復戒（不以咒易咒、以瞋易瞋、以擊易擊或以辱易辱）

2. 不與生己氣者和平共事，反而拒絕溝通戒

3. 不受懺戒

4. 懷瞋不捨戒

障精進波羅密戒

1. 染心御眾戒
2. 非時睡眠戒
3. 虛談棄時戒

障禪定波羅密戒

1. 惰慢不求禪法戒
2. 不除五蓋定障戒
3. 貪味靜慮戒

障智慧波羅密戒

與小乘有關的過失

1. 不學聲聞法戒

2. 棄大向小戒

3. 捨內學外戒（專習外書戒）

4. 向大乘卻喜聲聞外書戒

與大乘有關的過失

5. 不信深法戒

6. 憍慢不聽正法戒

7. 自讚毀他戒

8. 依語不依意戒

十二障饒益有情戒

共法

1. 不爲助伴戒
2. 不往事病戒
3. 不除他人苦戒
4. 不呵勸惡人戒

不共法

不援助之過

1. 有恩不報戒
2. 患難不慰戒
3. 希求不給戒

4. 攝眾不施戒
5. 不隨眾生心戒
6. 不隨喜讚揚戒

不折攝之過

1. 不隨行威折戒
2. 不隨現神力折攝戒

那瀾陀翻譯委員會譯自蔣貢康楚大師的《知識寶》（*Treasury of Knowledge*）。

詞彙表

【三劃】

小乘 Hinayana：西藏佛教三乘的第一乘。小乘的焦點是以馴伏自心和不害他人來達到個人的解脫。它是修行道上的根本起點。

大黑天 Mahakala：憤怒的護法。他們的圖像呈黑色和憤怒相。

大手印 Mahamudra：字面上是「大印」。噶舉派的主要禪修傳承，指心亦有亦空的明覺本性。

大乘 Mahayana：強調諸法皆空、慈悲、眾生皆有佛性。大乘以菩薩爲理想，因此我們也經常指大乘爲菩薩道。

三昧耶戒或誓約 Samaya：金剛乘的誓約，學生因此而能圓滿持戒、恭敬老師和開啓佛性。

【四劃】

中陰 Bardo：一般用來指死後和生前的中間狀態。

五濁惡世 Dark ages（five）：分別是⑴劫濁：當壽命變短時。⑵見濁：破壞佛法的邪見增盛時。⑶煩惱濁：當煩惱變得更堅固時。⑷眾生濁：當眾生變得無法馴伏和難以轉信佛法時。⑸命濁：世界變得充滿疾病、飢荒和戰爭時。

心毒或煩惱 Klesha：五根本煩惱是貪、瞋、癡、慢和嫉妒。

文殊師利菩薩 Manjushri：智慧和知識的菩薩，其圖像為一手持經書，一手持智慧劍。

化身 Nirmanakaya：以色身，尤其是化成人身，來傳達覺醒的心。也見「身」。

止禪或正念禪 Shamatha：佛教大部分宗派共有的基本禪修方式，目的在降伏自心。

【五劃】

本善 Basic Goodness：最基本心的無條件良善。阿賴耶的本善。

甘露 Amrita：用在金剛乘修法中的甘露水。更廣泛的意思是心靈甘露。也指教法的甚深精華。

本覺 Sugatagarbha：不可摧毀的基本覺性、佛性，類似如來藏。見「如來藏」。

生起次第 Utpattikrama：密法的兩個次第之一。行者觀想某個密續聖尊來喚起覺心。

【六劃】

如母眾生 Mother Sentient Beings：傳統上指一切有情眾生都曾經當過我們的母親。

自解脫 Self-liberate：自己解脫、當場解脫。口訣「空藥亦自解」的意思是空性也不執著。

自性身 Svabhavikakaya：全景式的整體經驗，三身的全體。也見「身」。

如來藏 Tathagatagarbha：佛性，一切眾生的覺性。「如來」是佛陀的別名，「藏」的意思是「胎」或「本質」。

【七劃】

阿賴耶 Alaya：無分別的根本心地。

阿賴耶識 Alaya-vijnana：從阿賴耶基礎地生起的第八阿賴耶識，是分別或二元的微細種子開始發芽的地方。因此，它是輪迴的根源。

佛法 Buddhadharma：見「法」。

佈施 Jinpa：屬於六波羅密。

身 kaya：修心法本所指的四身是覺知的四個面向。法身是開放的感覺；化身是清明；報身是前面兩者間的連結；自性身是對全部的整體經驗。

【八劃】

法 Dharma：(1)教法或眞理，特別指佛法。(2)一切現象。

法身 Dharmakaya：無邊開放的本心，無所住的智慧。也見「身」。

金剛杵 Dorje：象徵方便法或陽性的法器，在密法中與象徵智慧或陰性的金剛鈴一同使用。鈴杵一起是象徵不可分離的陰和陽或方便和智慧。

岡波巴 Gampopa（1079～1153）：噶舉派的第五位主要傳承持有者，密勒日巴瑜伽師的首要弟子。岡波巴結合阿底峽的噶當教法，以及源自印度大師帝洛巴和那洛巴的大手印傳統。

波羅密 Paramita：字面上是「到彼岸」。菩薩的根本行。六波羅密是佈施、持戒、忍辱、精進、禪定和智慧。波羅密也稱爲「超越的行爲」，因爲它們是不二的，不是基於我執的。因此，它們超越業力的糾纏。

空性 Shunyata：完全開放和無限清明的心。

金洲大師 Suvarnadvipa（Sage of Suvarnadvipa）：阿底峽的老師法稱住在蘇門達臘島上，其梵文爲「Suvarnadvipa」，意思是「金洲」。因此，人稱他爲金洲大師。西藏人稱他爲「Serlingpa」，意思是「金洲來的人」。

金剛乘 Vajrayana：「不可摧毀的乘或道」。西藏佛教三乘的第三個。

【九劃】

蔣貢康楚大師 Jamgön Kongtrül the Great（1813～1899）：十九世紀西藏的主要上師之一，論釋修心口訣而著《邁向開悟的基礎道》。他是「利美」（ri-me）宗教改革運動的領導者之一，試圖勸阻宗派主義，並且鼓勵禪修和佛法在每日生活中的應用。

香巴拉 Shambhala：創巴仁波切說：「香巴拉教法的宗見是人類有基本智慧，能夠幫助解決世界的問題。這種智慧不屬於任何一個文化或宗教，它也不是光從西方或東方而來的。它是歷史上存在於許多文化中的人類勇士道傳統。」

施受法 Tonglen：用來反轉我執和生起菩提心的法門。

持明 Vidyadhara：「瘋狂智慧的持有者」。若是大寫的「V」，就是對邱陽創巴仁波切的尊稱。

【十劃】

格魯派 Geluk：西藏佛教四大派之一，又名改革派，注重研究和分析。

修心 Lojong：尤其是指噶當口訣列出的菩提心生起要點。

般若智慧 Prajna：「超越的智慧」，爲第六個波羅密。智慧是菩薩行的眼睛，另外五個波羅密是四肢。

乘 Yana：教觀的體系，指佛法道上的某個階段。主要的三乘爲小乘、大乘和金剛乘。

【十一劃】

密勒日巴 Milarepa（1040～1123）：西藏最著名的詩人和典型的遊方瑜伽行者。密勒日巴又稱「棉衣密勒」，他是瑪爾巴的主要弟子，也是噶舉派的第四位主要傳承持有者。

密續 Tantra：金剛乘的同義字，西藏佛教三乘的第三個。「密續」的意思是相續，並且指金剛乘的根本法本和上面描述的禪修系統。

【十二劃】

菩提或覺醒 Bodhi：菩提道是從無明中覺醒的方法。

菩提心 Bodhichitta：勝義菩提心是悲智雙運，是覺心的本質。世俗菩提心是瞥見勝義菩提心而生起的溫柔心，它啓發一個人爲了利他而修行。

菩薩或覺有情 Bodhisattva：菩薩已經完全克服無明，並且奉獻生命和所有行動以覺悟或解脫一切有情眾生。

菩薩道 Bodhisattva path：大乘的另一名相。

菩薩戒 Bodhisattva vow：一個人受菩薩戒，以顯示自己的願菩提心，以及奉獻生命利他的行菩提心。

善知識或善友 Kalyanamitra：對於自己的老師，小乘行者視爲長者，大乘行者視爲善知識或善友，金剛乘行者視爲金剛上師。

悲心 Karuna。

悲心 Nyingje：字面上是「高尚的心」。梵文 karuna 的藏文翻譯。

無憂放鬆的心 Pak-yang：正面的素樸。信任本善。

報身 Sambhogakaya：連結法身和化身的慈悲與溝通環境。也見「身」。

【十三劃】

業或行動 Karma：業力的陷阱是說基於我執的行動，會使我們陷入無止盡的因果鏈中，要逃離只會越來越困難。

慈心或友善 Maitri：慈悲合用時，「慈」指跟自己做朋友的過程以對別人生起悲心。

慈心觀 Maitri Bhavana：亦名施受法。金剛界中心每個月皆爲病人修此法。

圓滿次第 Sampannakrama：密法的兩個次第之一。把生起次第從有化空之後，行者無造作地安住在無相的圓滿次第。

【十四劃】

雪謙的蔣貢康楚 Jamgön Kongtrül of Sechen（1901?～1960）：創巴仁波切的根本上師，蔣貢康楚大師的五個轉世之一。創巴仁波切說他：「身材魁梧，笑口常開，友善對人不分階級，寬宏大量，非常幽默和善解人意；他對別人的痛苦煩惱常懷慈悲。」

語王 Lord of speech：唯物三王（身王、語王、意王）之一，或是用盡自己的身、心、靈經驗來進一步膨脹自我的方法。

瑪爾巴 Marpa（1012～1097）：第三位偉大的噶舉傳承持有者，也是那洛巴的主要弟子，又稱瑪爾巴大譯師。他是噶舉傳承中的第一位西藏人，並且把許多重要的教法從印度介紹到西藏。

僧 Sangha：佛、法、僧三個皈依對象的第三個。狹義而言，僧是指出家人。就大乘而言，僧是指全體修行者，僧俗二眾皆是。

【十五劃】

儀軌文和附帶的修法 Sadhana：從非常簡單的到比較複雜的都有。它以禪修來收攝意，以手印來收攝身，以持咒來收攝語。

輪迴 Samsara：由無明而生，特徵是苦。

【十六劃】

噶當派 Kadam：噶當派由仲敦巴創立，他是十一世紀來到西藏的阿底峽的主要弟子。噶當教法注重出家戒律和菩提心與悲心的修持。

噶舉派 Kagyü：西藏佛教四大派之一。噶舉派也稱爲「實修派」，因爲它注重禪修。

【十七劃】

聲聞乘 Shravakayana：聲聞乘的要旨是以聽聞佛法和得到四聖諦與萬法皆是虛妄的智慧，來證得個人的解脫。聲聞乘可以等於小乘。

【二十一劃】

護法 Dharmapala：驚醒迷誤行者的當頭棒喝。護法代表基本的覺知，把迷誤的行者帶回修法上。

魔 Dön：似乎從自身之外突擊的煩惱。

【二十五劃】

觀世音菩薩 Avalokiteshvara：慈悲的菩薩。

觀禪 Vipashyana：止和觀是多數佛教宗派共有的兩種主要禪修方式。

作者介紹

邱陽創巴仁波切於一九三九年出生在東藏的康省。十三個月大時，被認證爲主要的祖古（tülku，轉世上師）。根據西藏傳統，開悟的上師因爲悲願而有能力生生世世都轉世爲人。在圓寂前，這樣的上師可能會留下一封信或其他線索，預言他下一次轉世的地方。之後，學生或其他已證悟的上師會把這些線索檢視一番，並且仔細檢驗夢境或淨相，以便尋找和認證他的轉世。因此，一個個法脈就建立了，有些還會延續好幾世紀。創巴仁波切是創巴祖古法脈中的第十一位。

轉世靈童一被認證，就要接受佛法理論和實修的密集訓練。在創巴仁波切（「仁波切」是尊稱，意思是「珍貴的」）坐床爲蘇芒寺的住持和蘇芒區的區長之後，即開始爲期十八年的訓練，直到他於一九五九年離開西藏爲止。身爲噶舉派的轉世上師，他受到系統式禪修和甚深佛理的訓練。噶舉派是西藏佛教四大派之一，又名「實修派」。

創巴仁波切在八歲時受沙彌戒。之後，他密集修習傳統出家戒律，也投入書法、唐卡繪畫、金剛舞等藝術。他的主要上師是雪謙的蔣貢康楚和堪布岡夏（Khenpo Kangshar），他們是寧瑪派和噶舉派的領導上師。一九五八年，創巴仁波切十八歲，他完成修業，得到「郭彭」（kyorpön，佛學博士）和「堪布」（khenpo，深通經典的喇嘛）的學位。他也受了具足戒。

一九五〇年代晚期是西藏動亂紛乘的日子。當中共要以武力接管西藏的意圖日漸明確，許多僧俗二眾都逃離西藏。創巴仁波切花了好幾個月，千辛萬苦地慢慢翻過喜瑪拉雅山區（他在《我從西藏來》（*Born in Tibet*）一書中有描述）。在千鈞一髮地逃過中國的逮捕之後，他終於在一九五九年到達印度。至一九六三年止，他都受聘爲達皓絲（Dalhousie）「青年喇嘛寄宿學校」（The Young Lamas Home School）的精神導師。

創巴仁波切得到斯堡丁獎助金（Spaulding sponsorship），進入牛津大學攻讀比較宗教、哲學和美術，這是他首次接觸西方。他也學習日本花道，並得到草月流日式插花學校（Sogetsu School）的學位。在英格蘭時，創巴仁波切開始教導西方學生佛法，並且在一九六八年共同創立位於蘇格蘭敦夫里斯郡（Dumfriesshire）的桑耶林禪修中心（Samye Ling Meditation Centre）。在這段期間，他也首次出版了兩本英文書，分別是《我從西藏來》和《動中修行》（*Meditation in Action*）。

一九六九年，創巴仁波切前往不丹閉關，這是他教學方式的轉捩點。他一出關就立刻還俗，卸下僧袍，穿上一般的西服。他也娶了一位年輕的英國女性，並且離開蘇格蘭，搬到北美。他許多早期的學生爲此變化而震驚不安。然而，他表達了一股信念：佛法爲了在西方生根，教導方式需要脫離文化陷阱和宗教迷思。

一九七〇年代，美國正處於政治和文化的發酵期。那是迷戀東方的時代。創巴仁波切批判修行上的唯物主義和商業化，稱爲「修行超市」。在他的開示和《突破修道上的唯物》（*Cutting Through Spiritual Materialism*）與《自由的迷思》（*The Myth of Freedom*）兩本書中，他指出簡單又直接的禪修能切穿這種對修行道的扭曲。

在北美傳法的十七年間，創巴仁波切打響了活潑有力和具爭議性的老師名號。他的英文流利，屬於第一批能夠直接和西方學生講話而不需翻譯的喇嘛。他足跡遍及北美和歐洲，主持數百場開示和研討會。他在美國的佛蒙特和科羅拉多，以及加拿大的新斯科細亞省，都建立主要的中心，並且許多較小的佛法修習中心也遍佈北美和歐洲的城市。金剛界於一九七三年設立，成爲此網狀組織的中央行政主體。

一九七四年，創巴仁波切創立了「那洛巴學院」，這是北美第一所佛教徒創辦的立案大學。他在學院廣爲開示，所著的《沒有目的的旅程，暫譯》（*Journey without Goal*）就是基於他在那裡開的一門課。一九七六年，他設立了「香巴拉訓練計畫」，那是一系列的週末課程和研討會，教授禪修而不涉及宗教。他的《覺悟勇士：香巴拉的智慧傳承》（*Shambhala: The Sacred Path of the Warrior*）能讓讀者對香巴拉教法有個概觀。

一九七六年，創巴仁波切指定歐瑟天津（Ösel Tendzin）爲他的法傳人。歐瑟天津在金剛界和香巴拉訓練的行政方面皆和創巴仁波切緊密共事。他從一九七六年起到一九九○年去世之間廣爲教學，並且著作《掌中佛陀》（*Buddha in the Palm of Your Hand*）。

創巴仁波切在翻譯的領域方面也很活躍。他和法蘭薩斯卡・弗曼特（Francesca Fremantle）共同新譯《西藏度亡經》（*The Tibetan Book of the Dead*），於一九七五年出版。之後他成立那瀾陀翻譯委員會，目的是爲學生翻譯法本和儀軌文，也公開發行重要的法本。

一九七九年，創巴仁波切爲他的兒子歐瑟・仁卓・木克坡（Ösel Rangdröl Mukpo）舉行灌頂，任命爲香巴拉傳承的繼承人。一九九五年，寧瑪派的最高法王貝諾仁波切認證他爲「薩姜」（Sakyong，大地守護者），目前又名薩姜米龐仁波切（Sakyong Mipham Rinpoche）。

創巴仁波切對於藝術的興趣也是有名的，尤其是他對禪修和藝術過程兩者間關係的洞見。他的藝術作品包括字、畫、插花、詩、劇作和環境裝置藝術。此外，他在那洛巴學院營造的教育氣氛，吸引了許多主要藝術家和詩人。該學院持續舉辦激發性的對話，從禪修的角度來探索創作的過程。創巴仁波切也出版了兩本詩集：《手印》（*Mudra*）和《第一念最好念》（*First Thought Best Thought*）。

創巴仁波切出版的書籍只代表他部分的豐富教法遺產。在北美傳法的十七年間，他設計了幾個必要架構，以提供學生完整、有系統的佛法訓練。這些計畫從介紹性的開示和課程到高階的共修營都有，並且強調解行並重。各種程度的學生，都可以透過這些形式多樣的訓練，來深入禪修和佛道。創巴仁波切的資深學生，繼續在這些計畫中教學和指導禪修。創巴仁波切除了廣泛教授佛法之外，也極爲注重香巴拉教法。此教法強調修心的重要，這與宗教修持不同，也強調參與社區、創造開明的社會和欣賞每日的生活。

創巴仁波切於一九八七年圓寂，得年四十七。他遺下妻子黛安娜和五個兒子。長子薩姜米龐仁波切繼承爲金剛界（現名 Shambhala International，「國際香巴拉」）的會長和精神導師。創巴仁波切生前已是把佛法介紹到西方世界的主要人物。他極爲欣賞西方文化，也深入了解自己的傳統，兩者結合，導致他以革命性的方式傳法，使得最古老且甚深的教法以完全當代的方式呈現。創巴仁波切的無畏法語名聞遐邇：不猶豫、忠於純淨的傳統、靈躍活現。願此教法札根和興盛，利益一切眾生。

橡樹林文化 ❖❖ 善知識系列 ❖❖ 書目

JB0001	狂喜之後	傑克．康菲爾德◎著	380 元
JB0002	抉擇未來	達賴喇嘛◎著	250 元
JB0003	佛性的遊戲	舒亞．達斯喇嘛◎著	300 元
JB0004	東方大日	邱陽．創巴仁波切◎著	300 元
JB0005	幸福的修煉	達賴喇嘛◎著	230 元
JB0006	與生命相約	一行禪師◎著	240 元
JB0007	森林中的法語	阿姜查◎著	320 元
JB0008	重讀釋迦牟尼	陳兵◎著	320 元
JB0009	你可以不生氣	一行禪師◎著	230 元
JB0010	禪修地圖	達賴喇嘛◎著	280 元
JB0011	你可以不怕死	一行禪師◎著	250 元
JB0012	平靜的第一堂課——觀呼吸	德寶法師 ◎著	260 元
JB0013X	正念的奇蹟	一行禪師◎著	220 元
JB0014X	觀照的奇蹟	一行禪師◎著	220 元
JB0015	阿姜查的禪修世界——戒	阿姜查◎著	220 元
JB0016	阿姜查的禪修世界——定	阿姜查◎著	250 元
JB0017	阿姜查的禪修世界——慧	阿姜查◎著	230 元
JB0018X	遠離四種執著	究給．企千仁波切◎著	280 元
JB0019X	禪者的初心	鈴木俊隆◎著	220 元
JB0020X	心的導引	薩姜．米龐仁波切◎著	240 元
JB0021X	佛陀的聖弟子傳 1	向智長老◎著	240 元
JB0022	佛陀的聖弟子傳 2	向智長老◎著	200 元
JB0023	佛陀的聖弟子傳 3	向智長老◎著	200 元
JB0024	佛陀的聖弟子傳 4	向智長老◎著	260 元
JB0025	正念的四個練習	喜戒禪師◎著	260 元
JB0026	遇見藥師佛	堪千創古仁波切◎著	270 元
JB0027	見佛殺佛	一行禪師◎著	220 元
JB0028	無常	阿姜查◎著	220 元
JB0029	覺悟勇士	邱陽．創巴仁波切◎著	230 元
JB0030	正念之道	向智長老◎著	280 元
JB0031	師父——與阿姜查共處的歲月	保羅．布里特◎著	260 元

JB0032	統御你的世界	薩姜・米龐仁波切◎著	240元
JB0033	親近釋迦牟尼佛	髻智比丘◎著	430元
JB0034	藏傳佛教的第一堂課	卡盧仁波切◎著	300元
JB0035	拙火之樂	圖敦・耶喜喇嘛◎著	280元
JB0036	心與科學的交會	亞瑟・札炯克◎著	330元
JB0037	你可以，愛	一行禪師◎著	220元
JB0038	專注力	B・艾倫・華勒士◎著	250元
JB0039X	輪迴的故事	堪欽慈誠羅珠◎著	270元
JB0040	成佛的藍圖	堪千創古仁波切◎著	270元
JB0041	事情並非總是如此	鈴木俊隆禪師◎著	240元
JB0042	祈禱的力量	一行禪師◎著	250元
JB0043	培養慈悲心	圖丹・卻准◎著	320元
JB0044	當光亮照破黑暗	達賴喇嘛◎著	300元
JB0045	覺照在當下	優婆夷　紀・那那蓉◎著	300元
JB0046	大手印暨觀音儀軌修法	卡盧仁波切◎著	340元
JB0047X	蔣貢康楚閉關手冊	蔣貢康楚羅卓泰耶◎著	260元
JB0048	開始學習禪修	凱薩琳・麥唐諾◎著	300元
JB0049	我可以這樣改變人生	堪布慈囊仁波切◎著	250元
JB0050	不生氣的生活	W. 伐札梅諦◎著	250元
JB0051	智慧明光：《心經》	堪布慈囊仁波切◎著	250元
JB0052	一心走路	一行禪師◎著	280元
JB0054	觀世音菩薩妙明教示	堪布慈囊仁波切◎著	350元
JB0055	世界心精華寶	貝瑪仁增仁波切◎著	280元
JB0056	到達心靈的彼岸	堪千・阿貝仁波切◎著	220元
JB0057	慈心禪	慈濟瓦法師◎著	230元
JB0058	慈悲與智見	達賴喇嘛◎著	320元
JB0059	親愛的喇嘛梭巴	喇嘛梭巴仁波切◎著	320元
JB0060	轉心	蔣康祖古仁波切◎著	260元
JB0061	遇見上師之後	詹杜固仁波切◎著	320元
JB0062X	白話《菩提道次第廣論》	宗喀巴大師◎著	500元
JB0063	離死之心	竹慶本樂仁波切◎著	400元
JB0064	生命真正的力量	一行禪師◎著	280元
JB0065	夢瑜伽與自然光的修習	南開諾布仁波切◎著	280元
JB0066	實證佛教導論	呂真觀◎著	500元

JB0067	最勇敢的女性菩薩——綠度母	堪布慈囊仁波切◎著	350 元
JB0068	建設淨土——《阿彌陀經》禪解	一行禪師◎著	240 元
JB0069	接觸大地—與佛陀的親密對話	一行禪師◎著	220 元
JB0070	安住於清淨自性中	達賴喇嘛◎著	480 元
JB0071/72	菩薩行的祕密【上下冊】	佛子希瓦拉◎著	799 元
JB0073	穿越六道輪迴之旅	德洛達娃多瑪◎著	280 元
JB0074	突破修道上的唯物	邱陽・創巴仁波切◎著	320 元
JB0075	生死的幻覺	白瑪格桑仁波切◎著	380 元
JB0076	如何修觀音	堪布慈囊仁波切◎著	260 元
JB0077	死亡的藝術	波卡仁波切◎著	250 元
JB0078	見之道	根松仁波切◎著	330 元
JB0079	彩虹丹青	祖古・烏金仁波切◎著	340 元
JB0080	我的極樂大願	卓千拉貢仁波切◎著	260 元
JB0081	再捻佛語妙花	祖古・烏金仁波切◎著	250 元
JB0082	進入禪定的第一堂課	德寶法師◎著	300 元
JB0083	藏傳密續的真相	圖敦・耶喜喇嘛◎著	300 元
JB0084	鮮活的覺性	堪千創古仁波切◎著	350 元
JB0085	本智光照	遍智　吉美林巴◎著	380 元
JB0086	普賢王如來祈願文	竹慶本樂仁波切◎著	320 元
JB0087	禪林風雨	果煜法師◎著	360 元
JB0088	不依執修之佛果	敦珠林巴◎著	320 元
JB0089	本智光照—功德寶藏論　密宗分講記	遍智　吉美林巴◎著	340 元
JB0090	三主要道論	堪布慈囊仁波切◎講解	280 元
JB0091	千手千眼觀音齋戒—紐涅的修持法	汪遷仁波切◎著	400 元
JB0092	回到家，我看見真心	一行禪師◎著	220 元
JB0093	愛對了	一行禪師◎著	260 元
JB0094	追求幸福的開始：薩迦法王教你如何修行	尊勝的薩迦法王◎著	300 元
JB0095	次第花開	希阿榮博堪布◎著	350 元
JB0096	楞嚴貫心	果煜法師◎著	380 元
JB0097	心安了，路就開了： 讓《佛說四十二章經》成為你人生的指引	釋悟因◎著	320 元
JB0098	修行不入迷宮	札丘傑仁波切◎著	320 元
JB0099	看自己的心，比看電影精彩	圖敦・耶喜喇嘛◎著	280 元
JB0100	自性光明——法界寶庫論	大遍智　龍欽巴尊者◎著	480 元

JB0101	穿透《心經》：原來，你以為的只是假象	柳道成法師◎著	380 元
JB0102	直顯心之奧秘：大圓滿無二性的殊勝口訣	祖古貝瑪・里沙仁波切◎著	500 元
JB0103	一行禪師講《金剛經》	一行禪師◎著	320 元
JB0104	金錢與權力能帶給你什麼？ 一行禪師談生命真正的快樂	一行禪師◎著	300 元
JB0105	一行禪師談正念工作的奇蹟	一行禪師◎著	280 元
JB0106	大圓滿如幻休息論	大遍智　龍欽巴尊者◎著	320 元
JB0107	覺悟者的臨終贈言：《定日百法》	帕當巴桑傑大師◎著 堪布慈囊仁波切◎講述	300 元
JB0108	放過自己：揭開我執的騙局，找回心的自在	圖敦・耶喜喇嘛◎著	280 元
JB0109	快樂來自心	喇嘛梭巴仁波切◎著	280 元
JB0110	正覺之道・佛子行廣釋	根讓仁波切◎著	550 元
JB0111	中觀勝義諦	果煜法師◎著	500 元
JB0112	觀修藥師佛——祈請藥師佛，能解決你的 困頓不安，感受身心療癒的奇蹟	堪千創古仁波切◎著	450 元
JB0113	與阿姜查共處的歲月	保羅・布里特◎著	300 元
JB0114	正念的四個練習	喜戒禪師◎著	300 元
JB0115	揭開身心的奧秘：阿毗達摩怎麼說？	善戒禪師◎著	420 元
JB0116	一行禪師講《阿彌陀經》	一行禪師◎著	260 元
JB0117	一生吉祥的三十八個祕訣	四明智廣◎著	350 元
JB0118	狂智	邱陽創巴仁波切◎著	380 元
JB0119	療癒身心的十種想——兼行「止禪」與「觀禪」 的實用指引，醫治無明、洞見無常的妙方	德寶法師◎著	320 元
JB0120	覺醒的明光	堪祖蘇南給稱仁波切◎著	350 元
JB0121	大圓滿禪定休息論	大遍智　龍欽巴尊者◎著	320 元
JB0122	正念的奇蹟（電影封面紀念版）	一行禪師◎著	250 元
JB0123	一行禪師　心如一畝田：唯識 50 頌	一行禪師◎著	360 元
JB0124	一行禪師　你可以不生氣：佛陀的情緒處方	一行禪師◎著	250 元
JB0125	三句擊要： 以三句口訣直指大圓滿見地、觀修與行持	巴珠仁波切◎著	300 元
JB0126	六妙門：禪修入門與進階	果煜法師◎著	360 元
JB0127	生死的幻覺	白瑪桑格仁波切◎著	380 元
JB0128	狂野的覺醒	竹慶本樂仁波切◎著	400 元
JB0129	禪修心經——萬物顯現，卻不真實存在	堪祖蘇南給稱仁波切◎著	350 元

JB0130	頂果欽哲法王：《上師相應法》	頂果欽哲法王◎著	320 元
JB0131	大手印之心：噶舉傳承上師心要教授	堪千創古仁切波◎著	500 元
JB0132	平心靜氣：達賴喇嘛講《入菩薩行論》〈安忍品〉	達賴喇嘛◎著	380 元
JB0133	念住內觀：以直觀智解脫心	班迪達尊者◎著	380 元
JB0134	除障積福最強大之法——山淨煙供	堪祖蘇南給稱仁波切◎著	350 元
JB0135	撥雲見月：禪修與祖師悟道故事	確吉．尼瑪仁波切◎著	350 元
JB0136	醫者慈悲心：對醫護者的佛法指引	確吉．尼瑪仁波切 大衛．施林醫生 ◎著	350 元
JB0137	中陰指引——修習四中陰法教的訣竅	確吉．尼瑪仁波切◎著	350 元
JB0138	佛法的喜悅之道	確吉．尼瑪仁波切◎著	350 元
JB0139	當下了然智慧：無分別智禪修指南	確吉．尼瑪仁波切◎著	360 元
JB0140	生命的實相——以四法印契入金剛乘的本覺修持	確吉．尼瑪仁波切◎著	360 元

橡樹林文化 ❖❖ 成就者傳紀系列 ❖❖ 書目

JS0001	惹瓊巴傳	堪千創古仁波切◎著	260 元
JS0002	曼達拉娃佛母傳	喇嘛卻南、桑傑．康卓◎英譯	350 元
JS0003	伊喜．措嘉佛母傳	嘉華．蔣秋、南開．寧波◎伏藏書錄	400 元
JS0004	無畏金剛智光：怙主敦珠仁波切的生平與傳奇	堪布才旺．董嘉仁波切◎著	400 元
JS0005	珍稀寶庫——薩迦總巴創派宗師貢嘎南嘉傳	嘉敦．強秋旺嘉◎著	350 元
JS0006	帝洛巴傳	堪千創古仁波切◎著	260 元
JS0007	南懷瑾的最後 100 天	王國平◎著	380 元
JS0008	偉大的不丹傳奇．五大伏藏王之一 貝瑪林巴之生平與伏藏教法	貝瑪林巴◎取藏	450 元
JS0009	噶舉三祖師：馬爾巴傳	堪千創古仁波切◎著	300 元
JS0010	噶舉三祖師：密勒日巴傳	堪千創古仁波切◎著	280 元
JS0011	噶舉三祖師：岡波巴傳	堪千創古仁波切◎著	280 元
JS0012	法界遍智全知法王——龍欽巴傳	蔣巴．麥堪哲．史都爾◎著	380 元
JS0013	藏傳佛法最受歡迎的聖者—— 瘋聖竹巴袞列傳奇生平與道歌	格西札浦根敦仁欽◎藏文彙編	380 元
JS0014	大成就者傳奇：54 位密續大師的悟道故事	凱斯．道曼◎英譯	500 元

橡樹林文化 ❖❖ 眾生系列 ❖❖ 書目

JP0123	當和尚遇到鑽石 5：修行者的祕密花園	麥可・羅區格西◎著	320 元
JP0124	貓熊好療癒：這些年我們一起追的圓仔 ~~ 頭號「圓粉」私密日記大公開！	周咪咪◎著	340 元
JP0125	用血清素與眼淚消解壓力	有田秀穗◎著	300 元
JP0126	當勵志不再有效	金木水◎著	320 元
JP0127	特殊兒童瑜伽	索妮亞・蘇瑪◎著	380 元
JP0128	108 大拜式	JOYCE（翁憶珍）◎著	380 元
JP0129	修道士與商人的傳奇故事：經商中的每件事都是神聖之事	特里・費爾伯◎著	320 元
JP0130	靈氣實用手位法——西式靈氣系統創始者林忠次郎的療癒技術	林忠次郎、山口忠夫、法蘭克・阿加伐・彼得◎著	450 元
JP0131	你所不知道的養生迷思——治其病要先明其因，破解那些你還在信以為真的健康偏見！	曾培傑、陳創濤◎著	450 元
JP0132	貓僧人：有什麼好煩惱的喵～	御誕生寺（ごたんじょうじ）◎著	320 元
JP0133	昆達里尼瑜伽——永恆的力量之流	莎克蒂・帕瓦・考爾・卡爾薩◎著	599 元
JP0134	尋找第二佛陀・良美大師——探訪西藏象雄文化之旅	寧艷娟◎著	450 元
JP0135	聲音的治療力量：修復身心健康的咒語、唱誦與種子音	詹姆斯・唐傑婁◎著	300 元
JP0136	一大事因緣：韓國頂峰無無禪師的不二慈悲與智慧開示（特別收錄禪師台灣行腳對談）	頂峰無無禪師、天真法師、玄玄法師◎著	380 元
JP0137	運勢決定人生——執業 50 年、見識上萬客戶資深律師告訴你翻轉命運的智慧心法	西中　務◎著	350 元
JP0138	心靈花園：祝福、療癒、能量——七十二幅滋養靈性的神聖藝術	費絲・諾頓◎著	450 元
JP0139	我還記得前世	凱西・伯德◎著	360 元
JP0140	我走過一趟地獄	山姆・博秋茲◎著 貝瑪・南卓・泰耶◎繪	699 元
JP0141	寇斯的修行故事	莉迪・布格◎著	300 元
JP0142	全然接受這樣的我：18 個放下憂慮的禪修練習	塔拉・布萊克◎著	360 元
JP0143	如果用心去愛，必然經歷悲傷	喬安・凱恰托蕊◎著	380 元
JP0144	媽媽的公主病：活在母親陰影中的女兒，如何走出自我？	凱莉爾・麥克布萊德博士◎著	380 元
JP0145	創作，是心靈療癒的旅程	茱莉亞・卡麥隆◎著	380 元

JP0146	一行禪師　與孩子一起做的正念練習：灌溉生命的智慧種子	一行禪師◎著	450 元
JP0147	達賴喇嘛的御醫，告訴你治病在心的藏醫學智慧	益西・東登◎著	380 元
JP0148	39 本戶口名簿：從「命運」到「運命」・用生命彩筆畫出不凡人生	謝秀英◎著	320 元
JP0149	禪心禪意	釋果峻◎著	300 元
JP0150	當孩子長大卻不「成人」……接受孩子不如期望的事實、放下身為父母的自責與內疚，重拾自己的中老後人生！	珍・亞當斯博士◎著	380 元
JP0151	不只小確幸，還要小確「善」！每天做一點點好事，溫暖別人，更為自己帶來 365 天全年無休的好運！	奧莉・瓦巴◎著	460 元
JP0154	祖先療癒：連結先人的愛與智慧，解決個人、家庭的生命困境，活出無數世代的美好富足！	丹尼爾・佛爾◎著	550 元
JP0155	母愛的傷也有痊癒力量：說出台灣女兒們的心裡話，讓母女關係可以有解！	南琦◎著	350 元
JP0156	24 節氣　供花禮佛	齊云◎著	550 元
JP0157	用瑜伽療癒創傷：以身體的動靜，拯救無聲哭泣的心	大衛・艾默森 伊麗莎白・賀伯 ◎著	380 元
JP0158	命案現場清潔師：跨越生與死的斷捨離・清掃死亡最前線的真實記錄	盧拉拉◎著	330 元
JP0159	我很瞎，我是小米酒：台灣第一隻全盲狗醫生的勵志犬生	杜韻如◎著	350 元
JP0160	日本神諭占卜卡：來自眾神、精靈、生命與大地的訊息	大野百合子◎著	799 元
JP0161	宇宙靈訊之神展開	王育惠、張景雯◎著繪	380 元
JP0162	哈佛醫學專家的老年慢療八階段：用三十年照顧老大人的經驗告訴你，如何以個人化的照護與支持，陪伴父母長者的晚年旅程。	丹尼斯・麥卡洛◎著	450 元
JP0163	入流亡所：聽一聽・悟、修、證《楞嚴經》	頂峰無無禪師◎著	350 元
JP0165	海奧華預言：第九級星球的九日旅程・奇幻不思議的真實見聞	米歇・戴斯馬克特◎著	400 元
JP0166	希塔療癒：世界最強的能量療法	維安娜・斯蒂博◎著	620 元

善知識系列　JB0141

邱陽創巴仁波切　當野馬遇見馴師：修心與慈觀

Training the Mind and Cultivating Loving-Kindness

作　　者／邱陽創巴仁波切（Chogyam Trungpa Rinpoche）
中　　譯／鄭振煌
責任編輯／汪姿郡
業　　務／顏宏紋

總 編 輯／張嘉芳
出　　版／橡樹林文化
城邦文化事業股份有限公司
104 台北市民生東路二段 141 號 5 樓
電話：(02)2500-7696　傳真：(02)2500-1951
發　　行／英屬蓋曼群島商家庭傳媒股份有限公司城邦分公司
104 台北市中山區民生東路二段 141 號 2 樓
客服服務專線：(02)25007718；25001991
24 小時傳眞專線：(02)25001990；25001991
服務時間：週一至週五上午 09:30 ～ 12:00；下午 13:30 ～ 17:00
劃撥帳號：19863813　戶名：書虫股份有限公司
讀者服務信箱：service@readingclub.com.tw
香港發行所／城邦（香港）出版集團有限公司
香港灣仔駱克道 193 號東超商業中心 1 樓
電話：(852)25086231　傳眞：(852)25789337
Email: hkcite@biznetvigator.com
馬新發行所／城邦（馬新）出版集團【Cité (M) Sdn.Bhd. (458372 U)】
41, Jalan Radin Anum, Bandar Baru Sri Petaling,
57000 Kuala Lumpur, Malaysia.
電話：(603) 90578822　傳眞：(603) 90576622
Email：cite@cite.com.my

封面設計／兩棵酸梅
內文排版／歐陽碧智
印　　刷／韋懋實業有限公司

初版一刷／ 2020 年 2 月
ISBN ／ 978-986-98548-4-9
定價／ 350 元

城邦讀書花園
www.cite.com.tw

國家圖書館出版品預行編目（CIP）資料

邱陽創巴仁波切　當野馬遇見馴師：修心與慈觀 / 邱陽創巴仁波切著；鄭振煌譯 . -- 初版 . -- 臺北市：橡樹林文化，城邦文化出版：家庭傳媒城邦分公司發行，2020.02
面；　公分 . --（善知識系列：JB0141）
譯自：Training the Mind and Cultivating Loving-Kindness
ISBN 978-986-98548-4-9（平裝）

1. 藏傳佛教　2. 佛教修持

226.965　　109001007

廣　告　回　函
北區郵政管理局登記證
北 台 字 第 10158 號

郵資已付　免貼郵票

104 台北市中山區民生東路二段 141 號 5 樓

城邦文化事業股份有限公司

橡樹林出版事業部　收

請沿虛線剪下對折裝訂寄回，謝謝！

|橡|樹|林|

書名：邱陽創巴仁波切　當野馬遇見馴師：修心與慈觀　書號：JB0141

橡樹林文化
讀者回函卡

感謝您對橡樹林出版社之支持，請將您的建議提供給我們參考與改進；請別忘了給我們一些鼓勵，我們會更加努力，出版好書與您結緣。

姓名：＿＿＿＿＿＿＿＿ □女 □男 生日：西元＿＿＿＿＿年

Email：＿＿＿＿＿＿＿＿＿＿＿＿＿＿＿＿

● 您從何處知道此書？

□書店 □書訊 □書評 □報紙 □廣播 □網路 □廣告 DM □親友介紹

□橡樹林電子報 □其他＿＿＿＿＿＿

● 您以何種方式購買本書？

□誠品書店 □誠品網路書店 □金石堂書店 □金石堂網路書店

□博客來網路書店 □其他＿＿＿＿＿＿

● 您希望我們未來出版哪一種主題的書？（可複選）

□佛法生活應用 □教理 □實修法門介紹 □大師開示 □大師傳記

□佛教圖解百科 □其他＿＿＿＿＿＿

● 您對本書的建議：

＿＿＿＿＿＿＿＿＿＿＿＿＿＿＿＿

＿＿＿＿＿＿＿＿＿＿＿＿＿＿＿＿

＿＿＿＿＿＿＿＿＿＿＿＿＿＿＿＿

＿＿＿＿＿＿＿＿＿＿＿＿＿＿＿＿

＿＿＿＿＿＿＿＿＿＿＿＿＿＿＿＿

我已經完全瞭解左述內容，並同意本人資料依上述範圍內使用。

＿＿＿＿＿＿＿＿＿＿（簽名）

處理佛書的方式

佛書內含佛陀的法教，能令我們免於投生惡道，並且爲我們指出解脫之道。因此，我們應當對佛書恭敬，不將它放置於地上、座位或是走道上，也不應跨過。搬運佛書時，要妥善地包好、保護好。放置佛書時，應放在乾淨的高處，與其他一般的物品區分開來。

若是需要處理掉不用的佛書，就必須小心謹慎地將它們燒掉，而不是丟棄在垃圾堆當中。焚燒佛書前，最好先唸一段祈願文或是咒語，例如唵（OM）、啊（AH）、吽（HUNG），然後觀想被焚燒的佛書中的文字融入「啊」字，接著「啊」字融入你自身，之後才開始焚燒。

這些處理方式也同樣適用於佛教藝術品，以及其他宗教教法的文字記錄與藝術品。

ཡི་གེ་ཉེ་ཤུ་རྩ་དྲུག་པ་འདི་དཔེ་ཆའི་ནང་དུ་བཞག་ན་དཔེ་ཆ་དེ་ཅི་འདྲར་
བགོམས་ཀྱང་ཉེས་པ་མི་འབྱུང་བར་འཇམ་དཔལ་རྩ་རྒྱུད་ལས་གསུངས་སོ། །

此咒置經書中　可滅誤跨之罪